「子どもはすべてのことができるように
生まれてくるのです。
もし、できないことがあるとすれば、
物理的に不可能な環境にあるか、どうすればいいのか、
やり方がわからないだけなのです」

——マリア・モンテッソーリ

0〜1歳

見る、手で触れる、ハイハイ、つかまり立ちまで！　初めての喜びとともに、まばゆい成長を遂げるわが子を、モンテッソーリ教育の知識とともに見守りましょう。

初めて見えた喜び！
モビールは焦点を合わせるトレーニングに最適！

目で見て、
手で触れる喜び！

わずか１年で立ち上がれるように。
ひとりで立てた喜びの瞬間を見逃さないように！

「運動の敏感期」は、歩く喜びをもたらし、手を動かすことで集中をもたらします。
手作りの教具でわが子の成長を援助しましょう！

1～2歳

息を飲む集中！

ひとりでできた！ が
自己肯定感を育てます。

100円ショップの
手作り教具で
「通す」練習中。

歩くために歩く！
が最大のテーマ。

2～3歳

「魔のイヤイヤ期」はどう乗り越える？　幼稚園・保育園デビューは、ひとりでできるようになる最大のチャンス！　トイレトレーニングもモンテッソーリ流で！

ヒモを上手に
通せるようになると…

ボタンも上手に
とめられるようになります！

踏み台を置いて、
トイレトレーニングの
環境づくり。

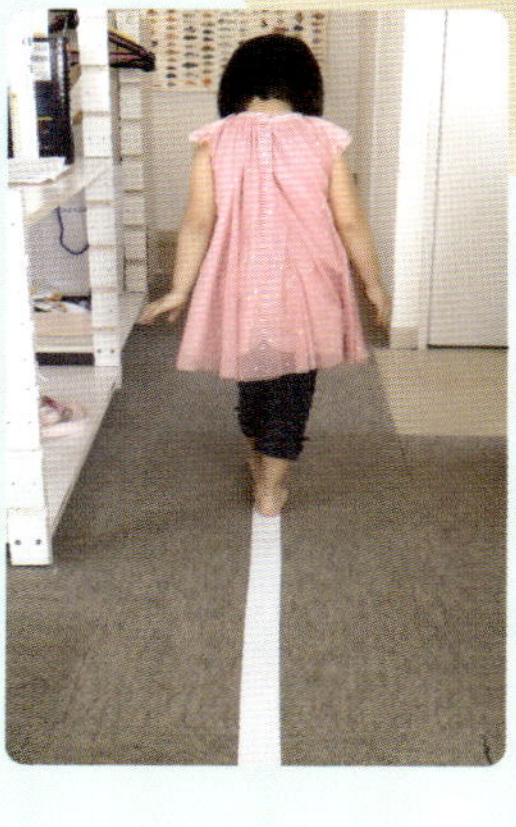

1本の線を歩くことで、
自分の動きを律することが
できるようになります。

発達の四段階

モンテッソーリ教育では、大人になるまでの24年間を以下のように6年ごとにわけて、「発達の四段階」としています。ここで注目すべきは期間の色。オレンジの時期は変化が激しく、親は要注意！知っているかどうかで大きく変わります。

乳幼児期

もっとも大きく成長・変容する時期。その後の人生を生き抜くために必要な80％の力がこの6年間に身につく。3歳を境に前期と後期にわけられる

前期　0〜3歳

無意識的にすべてのことを吸収する。人間のもっとも大切な能力である「歩く」「手を使う」「話す」が確立する

後期　3〜6歳

0〜3歳で無意識に吸収した膨大な情報を五感を使って整理していく。集団の中で自分を律するようになる

児童期

6〜12歳　小学校

安定した時期。莫大な記憶が可能に。友達が一番、に変化する時期

思春期

12〜18歳　中学・高校

心身ともに大きく変容する不安定な時期。まわりから浮くことを恐れる

青年期

18~24歳　大学

社会に対して、自分がどう貢献できるか考える。成長は安定している

子どもが、何かに強く興味を持ち、同じことを繰り返す限定された時期。
モンテッソーリ教育ではそれを「敏感期」といいます。

子どもの敏感期

		胎内
運動 生活に必要な運動能力を獲得する	自分の意志で動かせる体を作る。歩くなど全身を使う運動から、手指を動かす微細な運動まで、思いどおりに動けたことに喜びを感じる時期	
言語 母国語をどんどん吸収する	胎内でお母さんの声を聞きながら育ち、3歳になるまでに母国語の基本をほぼ習得する。聞くこと・話すことが楽しくてしょうがない時期	
秩序 順番、場所、習慣などに強くこだわる	何もわからずに生まれてきた赤ちゃんは、世の中の仕組みを秩序づけて理解していきます。なので、秩序が乱れると途端に不機嫌になることも	
ちいさいもの ちいさいものをしっかり見たい	赤ちゃんは、生まれてすぐから目の焦点を合わせる練習をします。小さい物に焦点が合わせられて、しっかり見えたときに喜びが生まれます	
感覚 五感が洗練される	3歳前後から、それまでに吸収した膨大な情報を、五感を使って分類・整理し始めます。「はっきり・くっきり・すっきり」理解したい時期	
書くこと 読むことより早くやってくる	手先を動かしてみたいという運動の敏感期と重なり、目でしっかり見ながら書いてみたいという強い衝動に駆られる時期	
読むこと 読むのが楽しくてしょうがない	身近にある文字を読んでみたくてしょうがない時期。いろいろな字を壁に張っておくと、自分から読み始める	
数 何でも数えたい、少し遅めにやってくる	数字を読みたくてしょうがない、数を数えたくてしょうがない時期。「こっちのほうが多い・少ない」など量にこだわるのもこの時期	
文化・礼儀 社会性が芽生え異文化も理解する	朝晩のあいさつや、季節や年中行事などにも興味を持つ。大人の仕草を見て、真似てみたいのがこの時期	

知っておきたい成長のサイクル

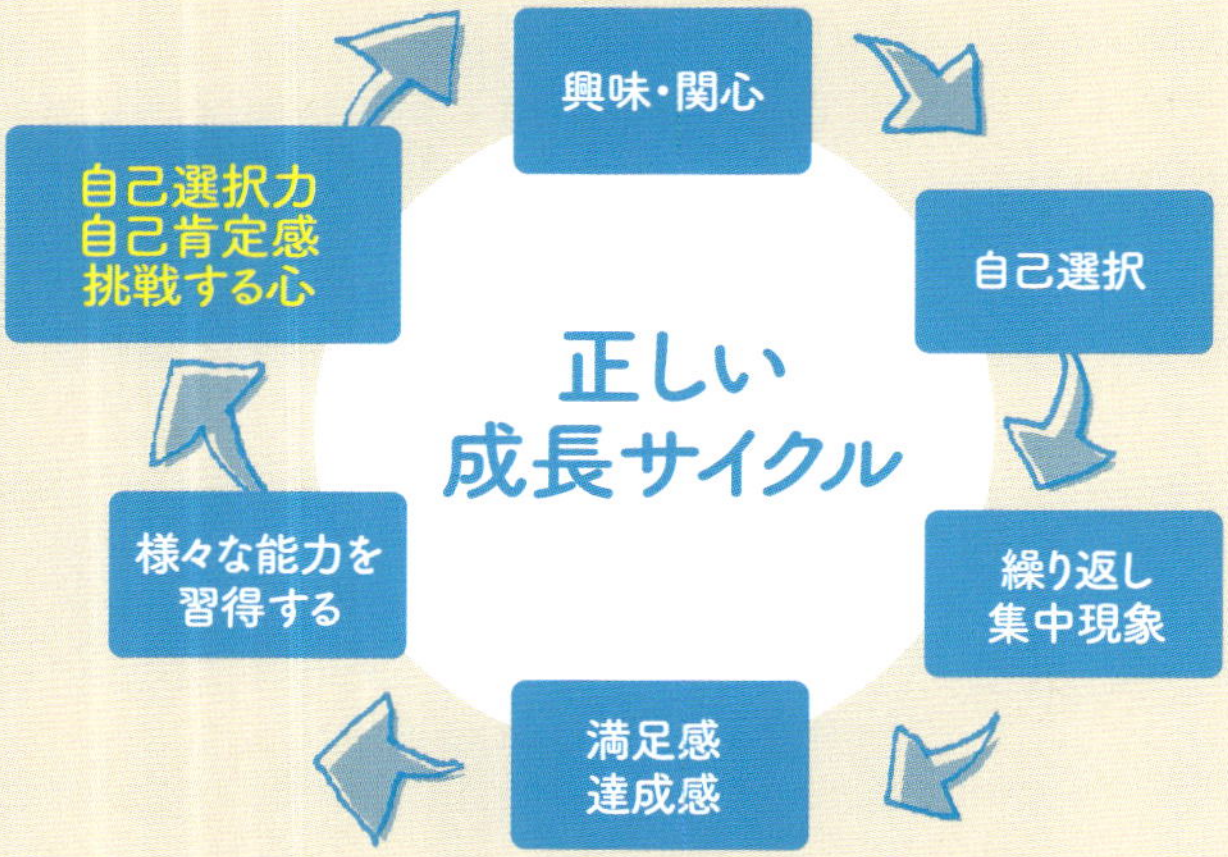

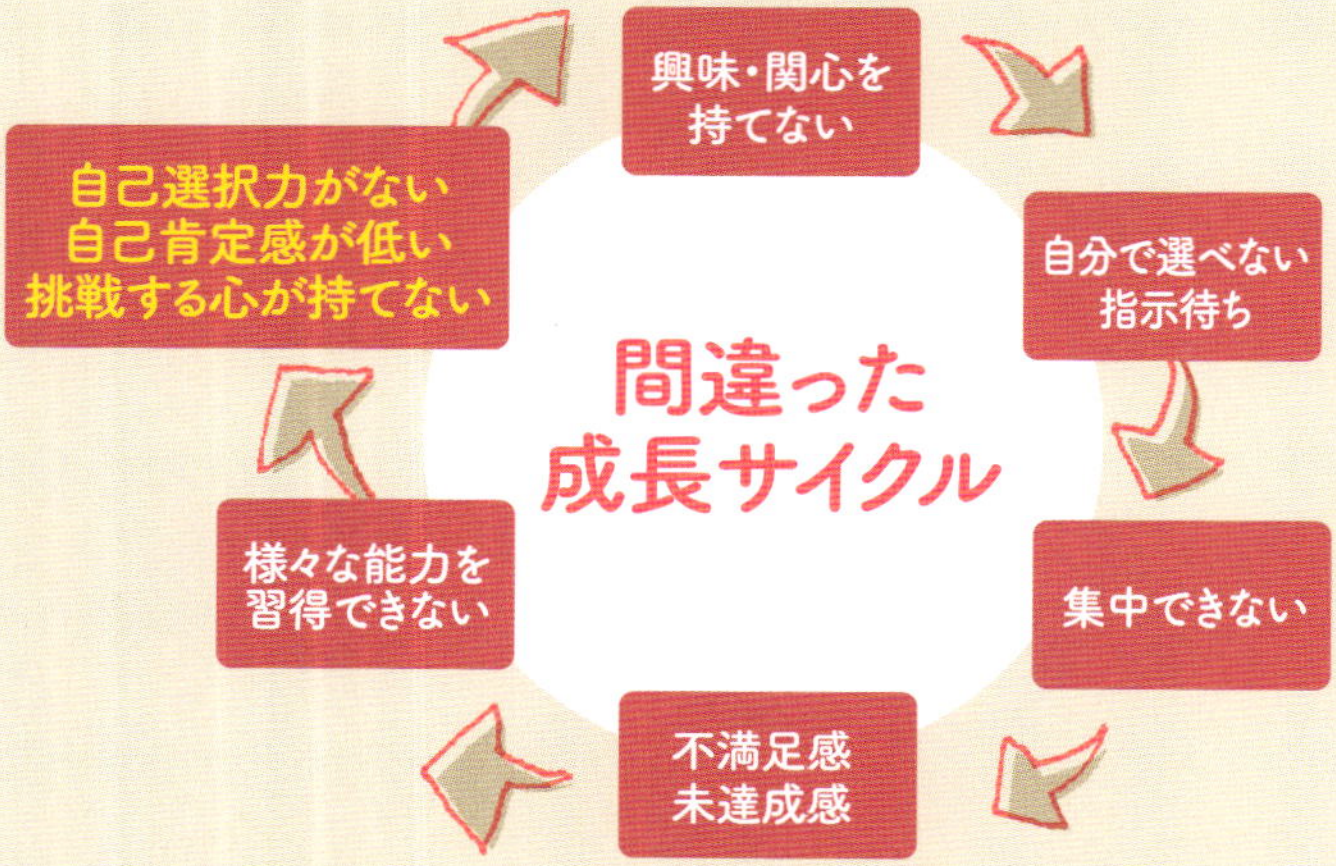

Montessori method

0~3歳までの 実践版 モンテッソーリ教育で才能をぐんぐん伸ばす!

藤崎達宏

はじめに――子どもの才能の扉をひらくモンテッソーリ教育

今、わが子が箱からティッシュペーパーを、ズルズル際限なく引き出しています。

あなたならどうしますか？

「何しているの！　もったいないでしょ！」と叱りつけ、その箱を取り上げ、子どもの手の届かない高いところに上げてしまう。

これは、子どもへのよく見かける普通の対応です。

でも本書でご紹介する「モンテッソーリ教育」を知ると、ここからがちょっと違ってきます。

3歳までの子どもは、動き出した手指を、自由に使ってみたい、もっと上手に動かしてみたいという、強い衝動にかられています。一見「イタズラ」に見えるこの行為も、自分の人生を生きていくための練習を真剣にしている最中だったのです。

何歳何カ月になると子どもはこんなことに興味を示し、こんな行動をして……このように、人間の子どもが成長するということは、数百年前から変わっていません。

「子どもはどのように成長していくのか？」、これを知っているかどうかで、子育ては大きく変わります。

子どもが必死にやっていることが、単なるイタズラではないということが事前にわかっている、そうです、あらかじめ知っていること、つまり「親の予習」が大切なのです。

こうした子どもの成長への知識の宝庫が「モンテッソーリ教育」なのです。知識をもって、もう一度、今のわが子を見てみましょう！　まったく見方が変わってくるはずです。

先ほど例にあげた場面でも、「それほど大切な活動ならば、テイッシュのひと箱くらい、心ゆくまでやらせてあげよう。私は黙って見守っていよう」、「ティッシュペーパーではなく、好きなだけ引っ張り出せる、代わりのものを用意してみよう！」と考える。そしてつい叱ってしまっても、「この子は、本当は何をしたかったのだろう？」と、考えられるようになるのです。

このように子どもの活動をしっかり見ることからモンテッソーリ流の子育てが始まるのです。

ところで、わが子の10年後、20年後の世界はどうなっているのでしょうか？

ＡＩをはじめとする技術革新の大きな流れの中で、大学を卒業したときには、65％が現在存在しない職業に就くともいわれています。

どのような知識や技術が必要になるのか、まったく予測できないのです。

だからこそ、未来を生きる子どもには単なる知識の集積ではなく、子ども本来が持つ力を伸ばし、一人で生きていける力を身につけさせる、これこそが、10年、20年先に必要とされる教育なのです。


将来、お勉強で苦労しないように、先まわりして、幼いうちから知識を詰めこんでおいてあげよう！　危ないことや汚いこと、大変なことは親が代わりにやってあげよう！

これは、普通の子育てです。しかし、それで子どもは本当に幸せになれるでしょうか？


どんな時代になっても「一人で生きていく本当の力」を、自分で獲得できるように、親は見守ろう。そして、一人でできるように手伝ってあげよう。

これがモンテッソーリ教育の子育てです。


本書は、モンテッソーリ教育にのっとり、皆さまの子育てをよりランクアップしていただけるよう書きました。

ランクアップとは、**まわりのお友達と比較してどうか？　ではありません。**

子どもの成長に対する正しい知識を親が持って、子どもを見守り、援助する方法を知る。そして、**「子どもが一人でできることが少しずつ増えていく」**ことこそが、本当のランクアップなのです。

どこのご家庭でも今すぐ実践できます！

私はモンテッソーリ教師であり、４人の子どもをモンテッソーリ教育で育てた父親でもあります。もともと金融系の企業に勤めるビジネスマンでしたが、あるときモンテッソーリ教育に出合い、自分の子育てに活かしてまいりました。この本に書かれていることは、理論を基に私が実践してきたことばかりです！

そしてどれも特別なことではなく、どこのご家庭でも今すぐ実践できるよう、モンテッソーリ教育のエッセンスを次の3点をもとにまとめ、写真を用いながらわかりやすく解説しました。

❶わが子の年齢に合わせていつからでも！

子どもはめまぐるしく成長します。ご自分のお子さまの年齢に合わせて、詳しく知ることができるように、0～3歳に限定し、さらに、1年ごとの3段階にわけています。わが子の年齢に合わせて、いつからでもすぐに取り入れられるはずです。

また、サロンにいらした親御さんからも好評を得ている、「成長のチェックリスト」（巻頭カラー）を特別付録としてつけました。このリストを見ながら、わが子の今と、次のステップを知ることで親も子に信頼感が生まれます。

❷モンテッソーリ教育が必ず成功する30のメソッド

現代社会の子育ては、情報が多すぎて、わが子にとってどれが本当に必要な情報かわからない……。そんな親御さんもいらっしゃるのではないでしょうか。難しいと思われがちなモンテッソーリ教育の中から、お子さまの年齢にそって絶対必要なポイントを30に絞りこみました。

❸ご自宅で今すぐ楽しくできる

いくら知識をたくさん吸収しても、実践しなくては意味がありません。誰でもご自宅で、今すぐ実践できることだけに限定してお伝えいたします。

知る ➡ 子どもを見る ➡ 実践する ➡ ランクアップ

この本を読み終えるころには、わが子の今に必要なことがよくわかる「ワンランク上の子育て」に変わっていることをお約束いたします。

それでは、始めましょう！

藤崎達宏

特別付録

「成長のチェックリスト」の使い方

まず、特別付録の「成長のチェックリスト」（巻頭カラー）で、わが子の月齢がどのような段階にあるのかを確認しましょう。

チェックリストは**「体の大きな動き」「手の動き」「ことばの成長と理解」「生活習慣」**の、４つのジャンルにわかれています。

たとえば、わが子が生後5カ月だったとしましょう。チェックリストの5カ月を横に見ていきます。「そろそろ、寝返りを打つころで、自分の手を見るようになり、話している人の目を見るようになり、鏡に映るものに興味をしめすらしい」と、わが子の今の段階が見えてきます。

注意① 月齢は目安です!

ここでとても大切な点は「月齢は目安」ということです。子どもの成長の順番は決まっていますが、それが到来する時期にはそれぞれ違いが生じます。ですから、「あらっ! 5カ月で寝返りって書いてあるのに、うちの子まだできないわ! どうしましょう!」とは、とらえないでいただきたいのです。

親として焦る気持ちは私もよ~くわかります。しかし、チェックリストは「○○が、できない!」というマイナス面を探すために作られたものではありません。

見直していただきたいのは、「一人でできるためにわが家の環境は整っているかな? 親として働きかけはできているかな?」と、もう一度わが子・わが家を見つめ直すために使っていただきたいのです。

そうした目で、わが子を見直してみましょう。たとえば、寝返りをしようとしているけれど、今一つうまくできない。どうやら、寝ている布団がフワフワすぎて、体が沈んでしまっている……ということが見えてきました。そこで少し硬めの布団に変えてみると、見事自分でゴロンとできました。このように、環境が整っていないからできないことも多くあります。子どもが一人でできるための環境を整える、これがワンランク上のモンテッソーリ流子育てです。

子どもの成長は早ければ良いというものではない！

逆に「うちの子8カ月なのに、もう、つかまり立ちしようとしているわ！　なんて早いんでしょう！　歩行器に座らせたら歩くんじゃないかしら？」、これも誤りです。「子どもの成長は早ければ良い！」という考えは捨てましょう。

「次の段階へのステップは、その前の段階をいかに充実して経験してきたかにかかっている」。

これは、モンテッソーリの「スモールステップス」という考えです。

ハイハイの期間が長くても、それには理由があるのです。今は、両手で床をしっかり押して、お尻を上げて、ハイハイを一生懸命練習している最中なのです。この段階が充実してこそ、次のつかまり立ちに移っていけるのです。大人が早く歩いてほしいからといって、抱き上げて歩行器に入れれば、偶然、歩くかもしれませんが、「つかまり立ち➡伝い歩き➡一人立ち」という、発達のステップを飛ばしてしまうことになります。その結果、仮に歩くことができるようになったとしても、体幹が育たず、バランスもとれずに、その先のステップで必ず弊害が出てきてしまうのです。

ですから、**成長のチェックリストは、わが子の今を見つめ、今を充実して過ごしてあげられるように活用してください。**

その上で、次の成長段階に目を向けます。時が来れば、子どもは自分の判断で、次のステップへと進みます。それは大人が強制できるものではありません。大人にできるのは、「子どもが一人でできるようにお手伝いすること」だけなのです。

今、ハイハイを一生懸命していたら、次のつかまり立ちに移行しやすいように、適切な高さで安定性の良い棚などを、そっと置いておいてあげる。これが環境を整えるということなのです。このようにチェックリストは次の成長のステップを知るために活用してください。

「チェックリスト」は、月に一度は必ず見ましょう

子どもの成長はすさまじいものがあります。毎週ドンドン変化していきます。ですから、最低でも月に一度は「チェックリスト」でわが子の成長段階を確認しましょう。

一番のおすすめは、拡大コピーをして冷蔵庫に貼っておくことです。冷蔵庫の扉に貼ってあれば、子どもが寝静まってから帰ってきたお父さんも、ビールや飲み物を取り出すときに見ることができるからです。スマートフォンで撮影して入れておくのもいいですね。子どもの成長段階を、夫婦で共有するようにしましょう。

ただし、くれぐれも「何か悪いことをしないかしら」なんていう目で見ないでください。「観察」は大切ですが、「監視」はいけません。

「今日1日だけは、いや、これから1時間だけは、口や手を出さないで、わが子を見守ってみよう」と決めるのです。

すると、わが子の今が見えてきます。「この子は今こういうことに興味を持っているんだな」とか、「こんなに手が動くようになったんだ」といったことに気づきます。

また、「いつもだったらここで私が代わりにやってしまっていたんだな」とか、「部

屋のこの部分が邪魔をして、一人でできないでいるんだな」など、親が反省すべき点にも気づかせてくれます。

「子どもを観察する！」、これこそがモンテッソーリ教育の原点なのです。私たちモンテッソーリ教師は教育実習に行くと、1日目は「観察」だけをします。できるだけ自分の存在を消して、子どもたちの集中の邪魔にならないように、ひたすら観察します。そうして初めて、「この子は、今、手をつぼめてみたいという衝動に駆られているのかな？　では、手をつぼめて小さいビーズをつまむお仕事を提供してみよう」と方針が見えてくるのです。

完璧を求めない！　できることから実践する！

わが子の成長段階が確認できましたら、いよいよ本文の中から、月齢に合わせて実践に移行していきます。しかし、全部を完璧に実践しようと思わなくても大丈夫です。できることから実践すれば、必ずそれだけの効果があらわれるからです。子どもの発達の原理に則っていれば、遅かれ早かれ、必ずわが子はその道を通るはずです。

明るく、充実した3年間を

子どもの成長の知識がついてくると、わが子を見る親の目が大きく変わってきます。叱ってばかりいたイタズラも、「なるほどこれが運動の敏感期というものなのか。ついにわが子にもやってきたのか！」と、ワクワクしながら見守ることができるようになります。

本当に手を焼いていたわが子の強いこだわりも、「なるほど、秩序の敏感期のあらわれなのか？　こだわりが強い子ほど、将来、段取りが良くなるらしい」と、楽しみながらじっくり見守ることができるようになります。

特に人生の中で最も激しい変化を遂げる0～3歳を、親子ともども明るく、充実してすごせるよう、このチェックリストをご活用ください。

もくじ

chapter 1

子どもの能力を最大限に引き出す「モンテッソーリ教育」

chapter 2

0〜1歳の子どもの育て方
妊娠から出産

chapter 3

1～2歳の子どもの育ち方 運動の敏感期

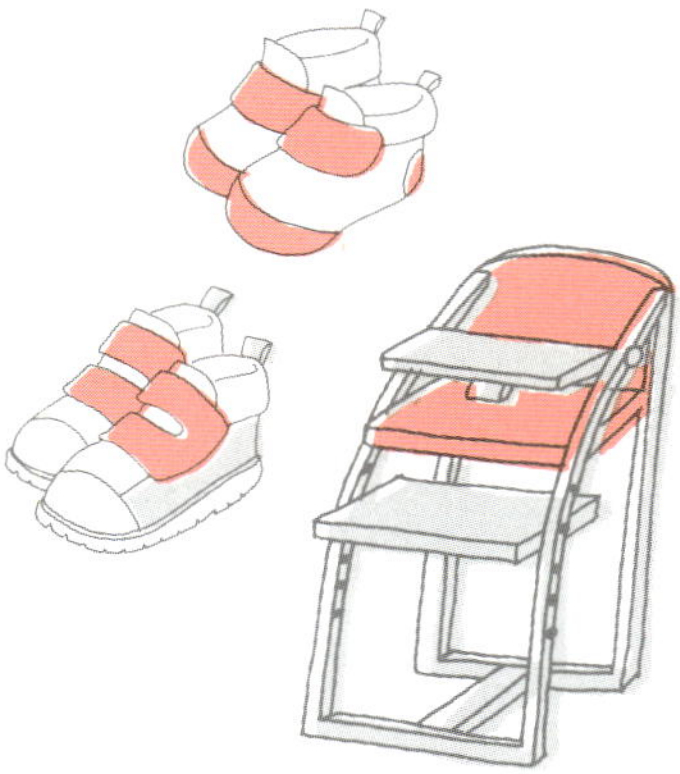

chapter 4

2〜3歳の子どもの育ち方 魔の2歳児から自律へ向けて

●本文デザイン　土屋裕子（株式会社ウエイド）
●本文イラスト　河合美波

chapter 1

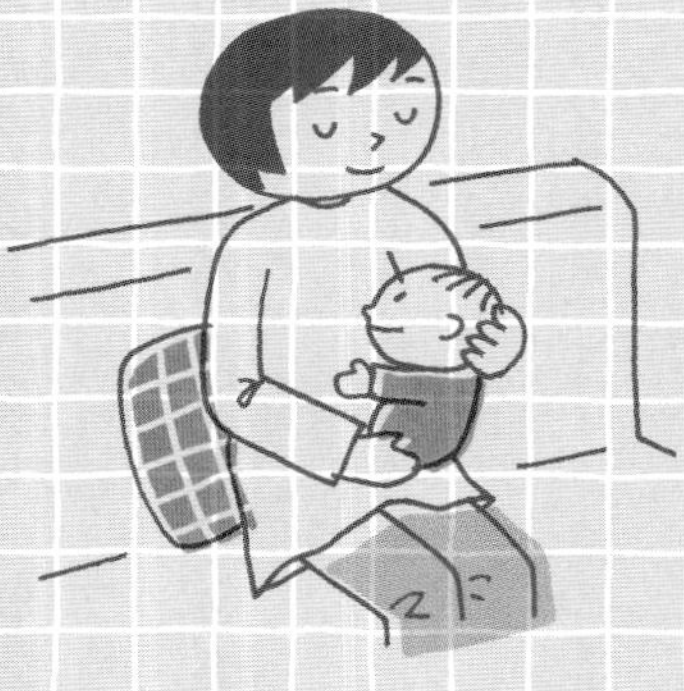

子どもの能力を
最大限に引き出す
「モンテッソーリ教育」

世界中が支持している理由《わけ》

モンテッソーリ教育のすごい効果

皆さまの中には、モンテッソーリ教育に初めて触れるという方も多いと思います。実践する前に、これだけは知っておいていただきたい3つのポイントをお伝えいたします。

❶古くて新しいモンテッソーリ教育

フェイスブックやグーグルの創業者、そして日本では将棋の藤井聡太棋士など、めざましい活躍をしている著名人が受けていることでも知られるモンテッソーリ教育。『ウォールストリートジャーナル』では、「現在のアメリカで創業的事業の成功者の共通点はモンテッソーリ教育にある」として「モンテッソーリマフィア」などと称したほどです。

このように世界で広く支持されているモンテッソーリ教育は、いつどのようにして始まったのでしょうか？

モンテッソーリ教育を確立したマリア・モンテッソーリは１８７０年にイタリアで生まれました。１９０７年に子どもが自分で何でもできるような環境を整えた「子どもの家」を作ったのがモンテッソーリ教育のスタートだとすれば、今から１００年以上前の教育法ということになります。ずいぶん古い教育法なんだなあと感じると思います。

しかし、今でも世界中で多くの人から支持されているのはなぜなのでしょうか？

それは、人間の子どもの成長プロセスは数百年たっても変わらないからなのです。文化、風習の違いはあっても、世界中のどこの国でも同じです。なので、世界中のどのモンテッソーリ施設に行っても、同じ環境があり、子どもたちは同じように目を輝かせて、活動に集中しているのです。

「人間の成長の原理に則った教育」、これが今も昔も世界中で支持されている理由といえるでしょう。

❷医師が始めたモンテッソーリ教育

マリア・モンテッソーリはイタリア初の女性医師でした。多くの教育法が子育ての経験の積み重ねから生まれてきているのに対して、モンテッソーリ教育は、医学、生物学、心理学といった幅広い学問の土台の上に成り立っていることが最大の特徴です。

❸子どもの可能性を見出したモンテッソーリ教育

それまでの社会では、「子どもは何もできない存在なのだから、親や教師の言うとおりにしていればいいんだ!」というのが定説でした。ですので、家具一つをとってみても、すべてが大人サイズ。子どもが自分でいすに座ろうと思っても、自分一人では座れません。大人の力を借りて、いすの上に乗せてもらうしかなかったのです。

それに対してモンテッソーリは真っ向から違う意見を主張しました。

「子どもはすべてのことができるように生まれてくるのです。もし、できないことがあるとすれば、物理的に不可能な環境にあるか、どうすればいいのか、やり方がわからないだけなのです」

逆に言えば、「環境を整え、やり方さえ教えれば、子どもは何でも自分でできるはずだ！」ということです。

「自分一人でできるように手伝う」、これが、モンテッソーリ教育の本質なのです。

そして、それを証明したのが、イタリアのスラム街にモンテッソーリが設立した「子どもの家」なのです。子どもの家ではすべてが子どもサイズ。机、いすはもとより、棚、トイレ、洗面所にいたるまで、すべての環境が、自分でできるように作られていました。

その新しい環境に置かれた子どもたちが、生まれ変わったように、活き活きと自ら活動を始めたのです。その姿は、当時の人々に衝撃を与えました。「新しい子どもの誕生」と称され、世界中から見学者が絶えなかったそうです。

モンテッソーリ教育を受けるには？

そんなすごい教育ならわが子にもぜひ、モンテッソーリ教育を受けさせたいと思われる親御さんはたくさんいらっしゃると思います。一番理想的なのは「モンテッソーリ子どもの家」です。その他にはモンテッソーリ教育を取り入れた「幼稚園・保育園」となります。しかし、残念ながらその総数はとても少なく、多めに見積もっても1000あるかないかなのです。

近所にそうしたモンテッソーリ園がないご家庭のために「おうちでできるモンテッソーリ」を目指し、この実践書を書きました。理想的とはいきませんが、できることから実践することで、わが子の成長を必ず実感できるはずです。

モンテッソーリ教育は「適時教育」

0歳からの教育などと聞くと、幼いうちから先まわりして知識を詰めこむ「早期教育」をイメージする方も多いかもしれませんが、実はモンテッソーリ教育はその逆です。わが子の成長段階をまず知り、適切な環境を整えていく。何を「いつ」与えるのか、そのタイミングをとても大切にする「適時教育」なのです。

本書ではこの「いつ」がよくわかるように、月齢ごとにチェックポイントを明記してあります。

わが子の「今」を大切に、楽しみながら子育てをしていただきたいと願っています。

0〜3歳は知識をドンドンつけていく大切な時期！

「子どもの発達の四段階」

わが子は今、成長の過程の中でどの位置にいるのでしょうか？　そして、この先どのように成長していくのでしょうか？　そうした、子どもの成長の大きなアウトラインを知るために最適なのが、マリア・モンテッソーリが考え出した「子どもの発達の四段階」です。

私ども大人は「子どもというものは年齢を経るごとに、体の成長に比例して、心も中身もなだらかに成長していくものだ」と考えがちです。しかし、モンテッソーリはこう言っています。

「子どもの中身は年齢ごとに大きく変容しています。それは、あたかも、蝶《ちょう》が卵で生まれ、青虫になり、さなぎになり、そしてあの美しい蝶に羽化していくかのごとくです」と。

そして、その変化を「子どもの発達の四段階」としました。

今、わが子が、この四段階の中のどこにいるのか？　確認することから始めましょう。

巻頭カラー5ページの図をご覧ください。モンテッソーリは、大人になる0歳から24歳までの6年ごとの4つの期間にわけて「発達の四段階」としました。0〜6歳までの小学校に上がるまでを「乳幼児期」、6〜12歳の小学校時代を「児童期」、12〜18歳の中学・高校時代を「思春期」、18〜24歳の大学時代「青年期」とわけています。

人生においてもっとも重要な0〜6歳

皆さまのお子さまがいるのは、一番最初の「乳幼児期」ですね。小学校に上がるまでの6年間は、日本でも世界でも、「子どもは何もできないのだから、親や先生の言うとおりにしていればいいんだ！」とか「お勉強は小学校に入ってから。それまでは外で元気に遊んでいればいいんだ！」といった考え方が主流でした。

ところが、モンテッソーリはまったく違う考えを示しました。**「0〜6歳の間は、**

その後の長い人生を生きていくのに必要な80％の能力が備わる、人生において一番大切な時期である」と言ったのです。そうです、皆さまのお子さまは、この人生において一番大切なステージにいるわけです。

さらに重要な0～3歳

もう一度、先ほどの図で皆さまのお子さまが生きている乳幼児期を見てください。何かお気づきになりましたか？　そうです、真ん中に赤い線が引いてありますよね。「神様は0～3歳、3～6歳の子どもの間に、赤い線を引いたがごとくおわけになった」と、モンテッソーリは言っています。乳幼児期は0～3歳の前期と、3～6歳の後期にわけられるのです。

3歳を境に子どもの成長が大きく変わるのです。この変化を親が知っておくことが第一歩です。それが、この本を0～3歳に限定して書いた理由です。

大きく変わる「記憶のメカニズム」

0〜3歳、3〜6歳の子どもでは、記憶の仕方に大きな違いがあることをまず知っておきましょう。

0〜3歳の前期には「無意識的記憶」といって、覚える努力や意思の力なしに、すべてを素早くとらえ、永久的なものとして記憶する力を持っているのです。

そして、3歳をすぎるころから徐々に私たち大人と同じような「意識的記憶」に移行していくのです。

意識的、無意識的などというと、無意識的のほうが劣るように感じられるかもしれませんが、この無意識的記憶によって、その後の人生を生きていくための土台ができるのです。それはあたかもカメラで画像として一瞬にして取りこむようなもの。見たもの、感じたものを、ドンドン吸収していきます。そ

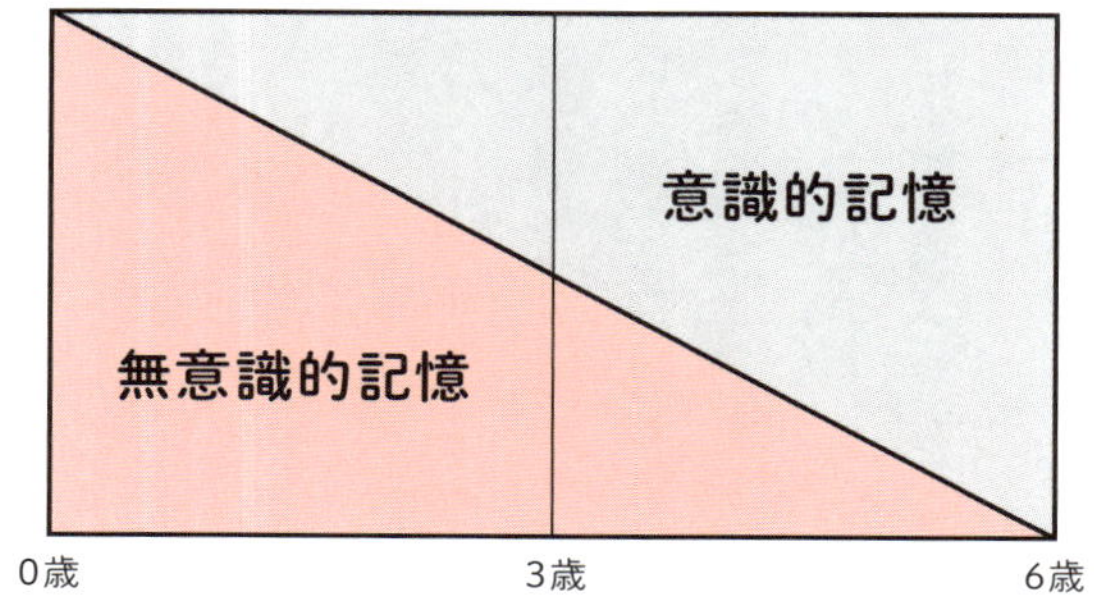

3歳を境に徐々に移行していきます

して、すべてを知識、記憶ではなく、無意識に自分の身につけてしまうのです。吸収したものを自分の血となり、肉とするようなその能力をモンテッソーリは「受肉化《じゅにくか》」と称しているほどです。この素晴らしい能力があればこそ、何もできない状態で生まれてきた赤ちゃんが、立ち上がり、歩き、走るまでに成長できるのです。そして、世界で一番難しいともいわれている日本語を3歳までには、自由に話せるようになれるのです。

「三つ子の魂、百まで」とは、よく言ったものです。

皆さまのお子さまが、人生において一番大切な乳幼児期にいて、その中でもさらに重要な、0~3歳の乳幼児期前期にいるのだということをまず知っておきましょう。

ランクアップチェック

- 24歳までの子どもの成長は、6年ごとの四段階にわけられる。
- 0~6歳の乳幼児期に、人生を生きていくのに必要な80%の能力が備わる。
- 乳幼児期はさらに、0~3歳の前期と、3~6歳の後期にわけられる。
- 子どもは3歳を境に大きく変容する。
- 0~3歳の前期には「無意識的記憶」という素晴らしい力がある。

子どもがグングン伸びる 成長のサイクル 実践編

「子どもは自ら成長し、伸びる力を持っている」。その力を信じて、環境を整え、援助し、伸ばしていくことが私たち親の役割です。子どもの本来持っている力がグングン伸びていくには「成長のサイクル」がまわり出すことが必要です。

巻頭カラー8ページの上の図をご覧ください。

❶まず、子どもは今置かれている環境の中を**興味・関心**を持って散策します。

❷そして、今の自分を成長させてくれる活動を自分で**選択**します。

❸その活動に集中して**繰り返します**（集中現象）。

❹上達することにより、**満足感と達成感**を得ます。

❺活動がドンドン上手になり、生きていくのに必要な**能力を習得**します。

❻この一連のプロセスを経ることで「自分でできた」という**自己肯定感**の芽が育ち

ます。だからこそ、次の新しいことに挑戦する心を持って、新たな成長のサイクルがまわり始めます。まさに、これがグングン伸びる仕組みなのです！

❶興味・関心を持つ

子どもはまず、自分で興味・関心があることを探し出します。なぜなら「今自分が成長しなくてはいけない課題」を本能的に知っているからです。それは、あたかも「神様からの宿題」のようです。

私のサロンに初めて来た子どもは、最初のうちはお母さんのそばにいて、様子をうかがっています。ですが、ここが安全な場所だとわかると、サロンの中をブラブラし始めます。これは「散策」という、とても大切な活動です。世の中のことに興味・関心を持つことが、すべての活動の始まりだからです。

0~3歳は、まさに散策の毎日です。ハイハイして移動し、いろいろな物を手に取り口に入れ、確認しているのです。安全の許す限り、自由に散策を続けさせてあげることが親の役割なのです。

❷自己選択をする

散策の結果、自分で活動を選択します。子どもの「正しい成長のサイクル」は、「興味・関心を持って自分で選択する」ことから始まります。自分の人生を切り開いていくには、何でも自分で決めていく習慣がもっとも必要です。

0〜3歳は、まさに自己選択の始まりです。親は常に、子どもが自分で選べる環境にあるかどうかをチェックします。

魔の2歳児のイヤイヤ期も、「どっちにする?」の二者択一を活用することで乗り切ることができます（184ページ参照）。

0〜3歳までは、2つの中から「どっちにする?」

3〜6歳は3つの中から「どれにする?」

「どうする?」と、意見を求めるのは、これらの判断がしっかりついてからにしましょう。

❸集中して繰り返す

自分の今の成長にマッチした活動を始めると、子どもは集中して繰り返します。この瞬間にわが子の本当の力がグングン伸びているのです。その集中は深く、まわりで何が起きても気がつかないときもあります。その繰り返しは、来る日も、来る日も、何日間も続くこともあります。親の大切な役割は、この集中と繰り返しが途切れないように、静かに見守ることです。この集中力こそが、20年先のわが子の社会生活での活躍を支えるのです。

アマゾン創業者のジェフ・ベゾスは、幼少期にモンテッソーリ園で、あまりにすごい集中力でお仕事をしていたそうで場所を移動させるのにも机といすごと、持ち上げて移動しなくてはならなかったといいます。

❹活動が上達することにより、満足感と達成感を得る

子どもは集中し繰り返すことで、その活動の精度が上がっていきます。そのことによって満足感と達成感を獲得します。

たとえば、ピンセットで豆をつまむお仕事で、初めははさむ力加減が上手くいかずに、ポロポロこぼしていたのに、何回も繰り返すうちに、しっかりとつまめるようになってきます。これは単に上達しただけでなく、目と手が連動するようになり、脳神

経細胞の電気信号がしっかり伝わるようになってきた瞬間なのです。

「ドンドン上手になってくる＝ドンドン頭が良くなっている」、そう考えて見守るとワクワクしてきますよね！

❺生きていくのに必要な能力を獲得します

０～６歳の時期に身についた能力は一生ものです。たとえば、ハサミで紙を切ることを繰り返して、上手に使う能力を身につければ、その子はその先一生ハサミをうまく使えるままで生きていけるのです。

歳をとって認知症になって、自分の名前を忘れてしまっても、この時期に身についた能力は忘れないそうです。まさに「三つ子の魂百まで」ですね。

❻自己選択力と自己肯定感が、次に挑戦する心を育てる

自分で興味を持った活動を、自分で選択し、集中して納得するまでやり遂げたときに、「自分を信じる心＝自己肯定感」が生まれます。チップを落とす、ビンのフタを開けるなどの大人から見れば他愛もない活動でも、子どもにとっては、一人でできた

ことが大成功なのです。

そのような小さな成功体験を積み重ねることで「俺ってけっこうイケてるな！」とか「私って、なかなかやるじゃない！」といった心が育っていくのです。

だからこそ、次の新しい活動にチャレンジしてみようという「挑戦する心」が湧いてくるのです。

そうして、また新たな興味関心を自分で探して挑戦し成功することで、成長のサイクルがまわり始めるのです。

どの分野においても「成功者」といわれる偉人たちは、何歳になってもこのサイクルが自分の中でまわっているのです。

イチロー選手が、45歳のときの引退を問われたインタビューで「僕は一生野球の研究者でいたいのです」と答えていたことがとても印象的でした。あれほど野球を極めてもなお、自分で課題を見つけて、挑戦していく姿勢は、まさしく今も、成長のサイクルの中にいるのだと考えさせられました。

0～3歳の乳幼児期前期は、この成長のサイクルがまわり始める、もっとも大切な時期なのだと、親は知っておく必要があるのです。

「よかれと思って！」が邪魔をする「間違った成長のサイクル」

成長のサイクルがまわり始めれば、親が何もしなくても、子どもはグングン成長していきます。しかし、このサイクルの流れが滞っていたり、完全に停止してしまっているケースが多くありますのでご注意ください。それが巻頭カラー8ページの下の図の「間違った成長サイクル」です。

❶興味・関心を喚起《かんき》するようなものがまわりに存在しない

安全のためにきれいに片づけられてしまっていて、手が届くところに何もない。逆に、あまりに雑然と、山盛りに置かれていて何を選んで良いかわからない。

❷自分で選択できない

自分で選択する状況ではない。やろうと思うと大人に先まわりをされてしまい、与えられた活動だけをさせられる。

❸集中を邪魔される

中断される。違うものを与えられる。代わりに大人がやってしまう。

❹満足感・達成感が得られない

❺生きていくのに必要な能力が習得できない

自己選択力がなく、自己肯定感が低く、新しいことに挑戦する心が育たない。

どうでしょうか？　親であれば皆、心当たりがあるはずです。

なぜならば、すべて「わが子によかれと思って親がする行動」だからです。

「危ないから片づけてあげよう」「これはもう何回もやっているから代わりの活動をやらせてあげよう」「一人でやっているから、一緒にやってあげよう」「おそらくできないだろうから代わりにやってあげよう」……。

わが子のために「○○してあげよう！」、その思いが、実はわが子の成長を一番邪魔していたのです。

特に、子どもの欲求によく気がついてしまう「良いお母さん」は要注意です。子どもが活動する前に、その気配を察して、「これがほしかったのね！」「今度はこれがいいかな？」と、ドンドン先まわりをしてしまいます。

この習慣を続けていくと、最後は**自分で選べない「指示待ち」の子どもになってしまいます**。

自分で選んで最後までするからこそ「自分を信じる＝自信」が生まれるのです。どんなに上手にできても、人にやってもらったのであれば「他信」しか生まれません。「やっぱり私はパパ、ママに助けてもらわなければできないんだ」という自己肯定感の低さはこうした間違った成長サイクルに原因があったのです。

この「成長のサイクル」は本書の中で一番大切な項目です。わが子の成長サイクルが健全に回っているかを観察する時間を設けると同時に、自分たち親が「間違った成長のサイクル」に陥っていないか、チェックすることが大切です。

叱る回数が激減するキーワード

「敏感期」

「敏感期」とは、子どもが、何かに強く興味を持ち、集中して同じことを繰り返す、ある限定された時期のことを指します。

巻頭カラー6ページの図を見てください。運動や言語、数など、それぞれの能力を伸ばせる時期がわかると思います。

たとえば、子どもがしずかだな～と思って様子を見てみると、お母さんの化粧品のビンを開けまくっている。口紅も出し放題。

お母さんは「静かだと思ったらこんないたずらをして～！」と、子どもの手にある物を取り上げて、手の届かない場所にしまってしまう。そして、取り上げられた子どもは烈火のごとく泣きわめいている。このようなこの年代の子どもがとる行動は、世界中で見ることができます。

お母さんが叱るのは無理もありません。しかし、**叱った後にちょっと考える余裕**を持っていただきたいのです。そこで知っておいていただきたいのが「敏感期」の存在です。

0～3歳の子どもは、自由に動き始めた手指を、いろいろ使ってみたいという強い衝動に駆られる「運動の敏感期」にあるのです。成長の過程で「今、あなたは指でひねることを練習して、覚えなさい」という、その子にしかわからない「神様からの宿題」をこなしている最中なのです。そして、「ひねる」ことができるビンのフタを、自分で見つけてきて、何回もひねり、うまく開けられたことで「一人でできた！」という喜びを感じている最中だったのです。まさしく、成長のサイクルの中にいるのです。

嬉しくてもっとやりたくて仕方ない！　そんな気持ちだったのにいきなり、途中でお母さんに取り上げられたので、大泣きしたのです。
○○期というものには、必ず始まりがあって終わりがあります。この運動の敏感期も0歳から始まり、6歳くらいで消えていきます。敏感期が終わると、自分でやりたいという強い衝動が少なくなり、同じことをしても喜びを感じなくなっていきます。
もし、このイタズラを取り上げてしまい、「ひねる」対象をまったく与えないとどうなるでしょうか？　その子は大人になっても「ひねる」という動作がうまくできないまま人生を送ることになってしまうのです。

加えて最近の私どもの日常生活の中でも「ひねる」動作は少なくなっています。水道の蛇口、雑布、ステレオのボリューム調整などなど。その結果、コマを指で上手に回せない子どもが急増しているのです。

「3本の指は突出した脳」

手先が器用でなくても頭さえ良ければ……そう思われるご両親もいるかもしれません。しかし、手指の動き、特に親指、人差し指、中指の3本指の動きは、脳の成長と大変密接な関係にあるのです。47ページの図をご覧ください。子どもの脳は神経細胞が成長して神経回路（神経のネットワーク）が密になってくると、脳の中で伝わる伝達効率が高くなり、いわゆる「いい頭」に変わっていきます。

神経細胞はシナプスを介して結びつき、複雑な神経回路を形成していきますが、図からもわかるように、5歳ごろまではシナプス密度は急速に増加し、7歳ごろまでにピークを迎え、10歳前後から減少し始めるのです。

そして、神経細胞が最も活性化する瞬間が「3本指を動かしているとき」なのです。「3本の指は突出した脳である」とモンテッソーリが称したほど、3本指は脳を刺激するのです。

ですから、先ほどのビンを開けまくっていた子どもは、イタズラに見えても、実は運動の敏感期にあり、手指を器用に使う練習をしている最中だったのです。そしてそれはまた、脳神経細胞が一番活性化している最中だったのですね！


この敏感期の存在を知った途端、わが子を見る目が大きく変わります。わが子がしているイタズラ、わけのわからない大泣きの謎が解けてくるからです。叱りまくり、取り上げていただけの親とは、もう違います。子育てが大変興味深いものに変わり、子育てのスタンスも大きく変わります。

その扉を開ける鍵がこの「敏感期」なのです。もう一度巻頭カラー6ページの図をご覧ください。さまざまな敏感期があることがおわかりいただけると思います。そしてそのほとんどが0～6歳の乳幼児期にあらわれ、そして消えていくということもよ

神経細胞とシナプス

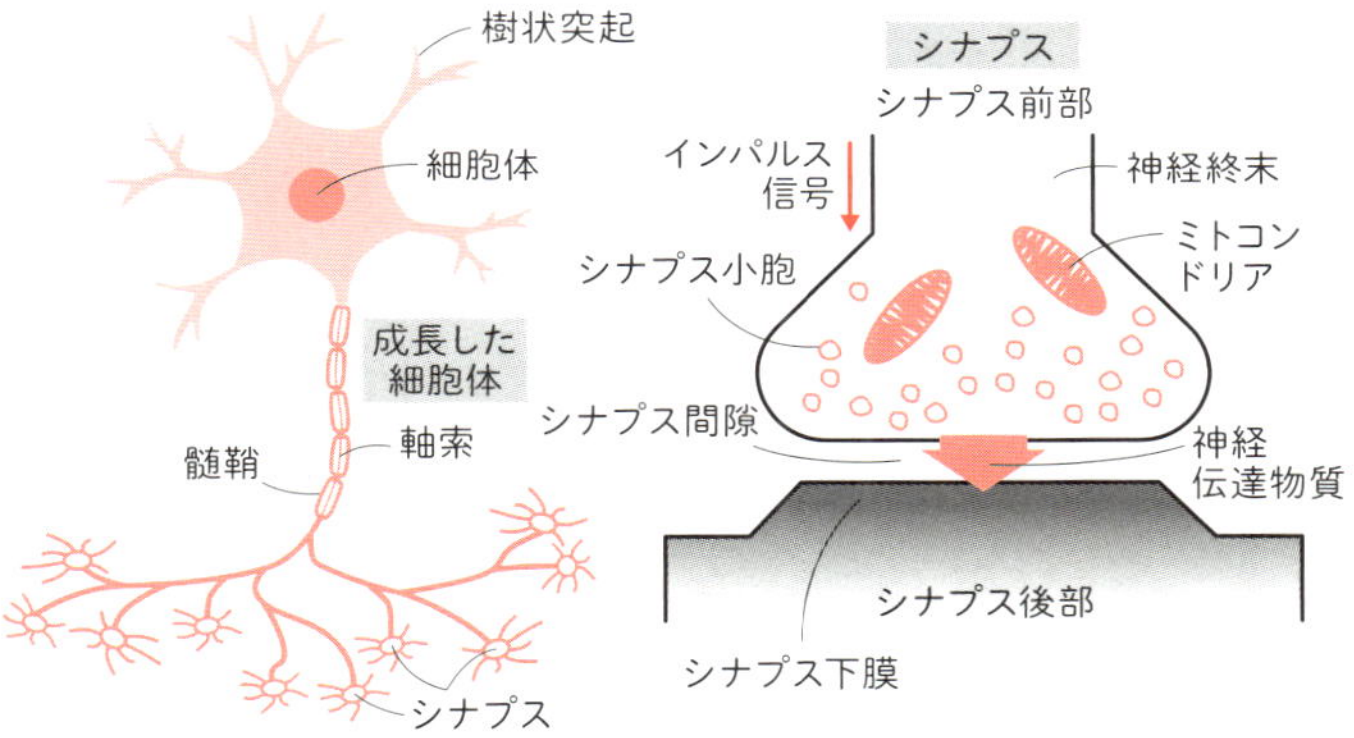

前頭連合野のシナプス密度の発達変化

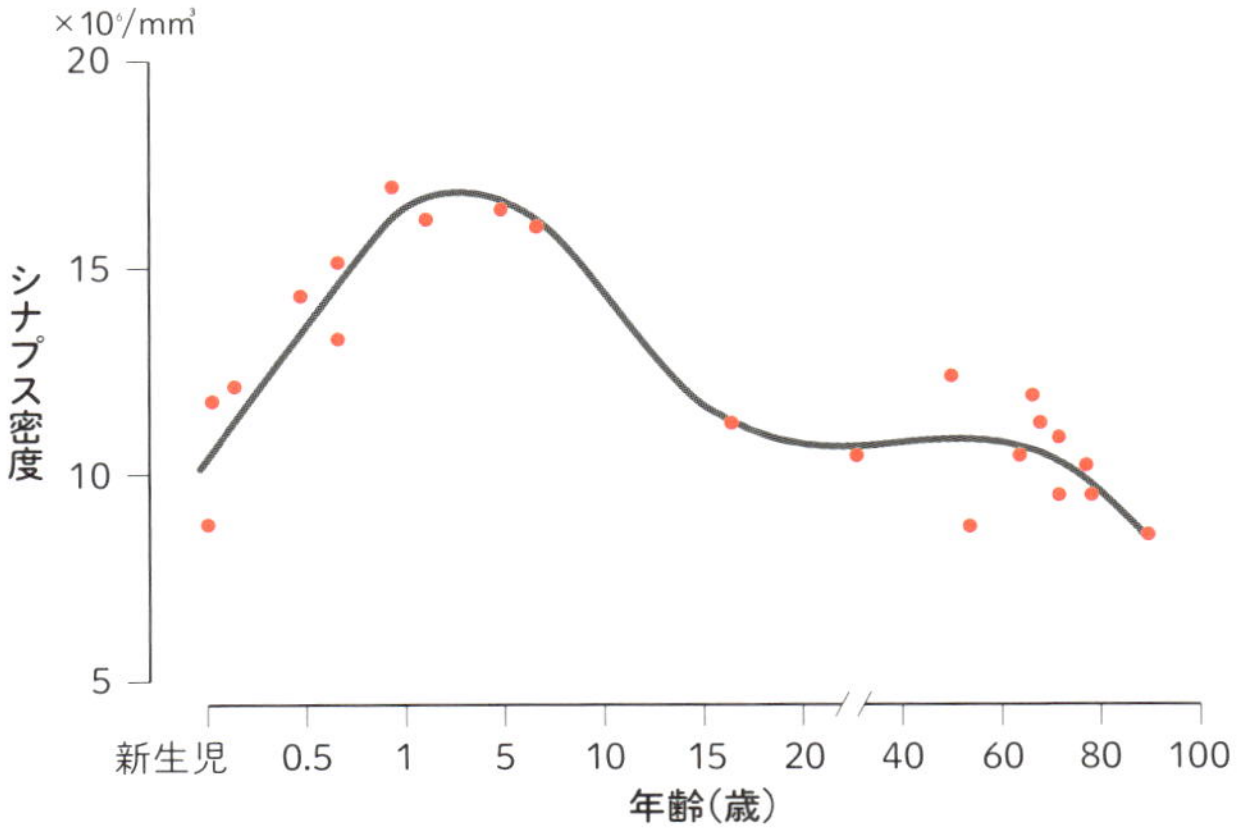

くわかると思います。モンテッソーリが人生においてこの乳幼児期の6年間が一番大切だ！　といった意味はここにあったのです。

この本の中では、0～3歳の時期に、特に鍵となる**「運動の敏感期」「秩序の敏感期」「言語の敏感期」**に絞って詳しく解説しています。

そして、知識だけでなく、実践に移すための30のキーワードが次章からは年齢ごとに並んでいます。

さぁ、いよいよ実践です！

ランクアップチェック

- [ ] 「敏感期」とは、子どもが、何かに強く興味を持ち、集中して同じことを繰り返す、ある限定された時期のこと。
- [ ] 子どもの「イタズラ」は、実は敏感期のあらわれ。
- [ ] 3本指を使っているときに、脳は活性化している。
- [ ] 敏感期は0～6歳乳幼児期にあらわれ、そして消えていく。
- [ ] 敏感期を知り、わが子をよく見ることが、ワンランク上の子育てへの第一歩。

column

「お父さんにこそ実践してほしいモンテッソーリ教育」

実はこの本は、お父さんに特に読んでいただきたくて書いた本でもあります。

私は4人の子育てを経験したとお話ししましたが、実は私ども夫婦は再婚同士ですので、上の3人の子と私とは血がつながっていません。再婚後、一番下の実子が生まれましたので、ほぼ一度に4人の父親となったようなもので、とてつもなく大変なスタートでした。そのときに、本当に助けになったのがモンテッソーリ教育だったのです。

「子どもの成長を知り、わが子の今を見て、環境を整えれば、子どもは自ずと成長していくものだ」。モンテッソーリ教育の膨大な文献の中には、ただの一度も「遺伝」という言葉が出てきません。

モンテッソーリ教育は子どもの成長は、環境がすべてを握っているという確固たるスタンスに基づいているのです。

再婚後、私はいい父親になりたいと様々な本を読んでいましたが、どれもしっくりくるものがありませんでした。そんなとき、妻の書棚にあったモンテッソーリ教育の本に出合ったのです。そして、「これなら血のつながらない父親でもできるのではないか？」と思ったのです。

最近のイクメンブームはとても歓迎すべきことです。子育てや料理、洗濯、掃除などの家事を、奥さまと同等にこなすことができることは本当に素晴らしいことです。今、日本の子育ては大きく変わろうとしています。

モンテッソーリ教育は、理屈っぽい男性にこそ向いている教育法だと、私はひそかに思っています。なぜなら、医師が考案した教育法だけあって、理論と実践すべきことが明記されているからです。また、発達の原理に則っていますので、実践すれば必ず効果が出るようにできていることもその理由の一つです。

つまり、育児を大事にしたいお父さんに最適なのがモンテッソーリ教育なのです。

column

子どもと触れ合うのが苦手なお父さんもいるかもしれません。しかし、日曜大工で棚や手作りの教具を作れば、わが子の素晴らしい成長をアシストできるのです。

わが子と接する時間がお母さんに比べてはるかに短いお父さんもいるでしょう。「海外出張から帰ってきたら、もうわが子は歩いていた！」などということはよくあることです。

そのようなお父さんのために、巻頭カラーの中に「成長のチェックリスト」を用意しました。

スマートフォンなどで撮影していつも持っていれば、離れていても、月齢から、わが子の今と次のステップが見えてきます。

本書をフル活用していただき、わが子に自由の翼をさずけてあげてください。

そして、お父さん自身も、0～3歳の子育てを通して、生命の素晴らしさを体感していただきたいと思います。

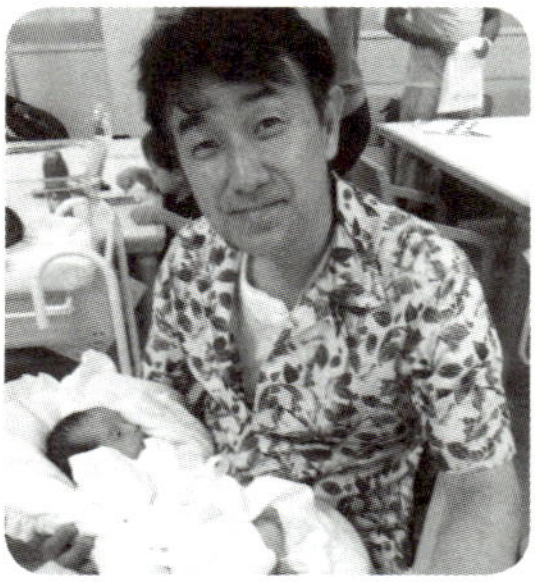

トッポンチーノで孫を抱っこする著者

chapter 2

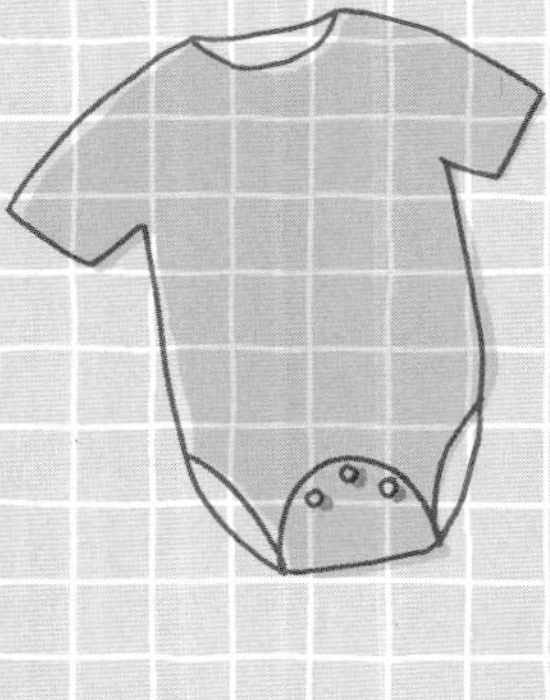

妊娠から出産

0～1歳の子どもの育て方

keyword 1

特別なつながりがうまれる8週間
『母子共生期《きょうせい》』

お母さんの胎内という、理想的な環境ですごしていた赤ちゃんは、ある日突然、とてもまぶしく、寒く、うるさい世の中に産み落とされます。その大きな変化の驚きと、恐怖に大きな声をあげて泣くのです。そして、その泣き声に応えて、やさしく抱きしめて、母乳をくれるお母さんがそばにいることを知るのです。

自分が求めれば、つねに反応があり、その優しさを肌で感じることで、「世の中というのは素敵なところだ、人というものは信頼に値するものだ」という「社会に対する肯定感」が初めて芽生えるのです。

出産から8週間程度の期間は、赤ちゃんとお母さんにとって特別な意味がある**「母子共生期」**といわれます。母と子の2人がまるで一人の人間になったような、特別なつながりが母子の間に生まれます。この期間が、**一人の女性を母親に変え、一人の子**

どもをその母親の息子や娘へと変えていくのです。

ある動物園でキリンが出産をしたのですが、お母さんキリンの体調が悪いので、出産後2週間は赤ちゃんキリンと隔離されてすごしました。その後、母子を一緒にして生活を始めたのですが、お母さんキリンは、赤ちゃんキリンを自分の子どもとして捉えられずに、育児拒否に陥ってしまったそうです。自然界においても「母子共生期」に一緒にすごすことがいかに大切かおわかりいただけると思います。

一生を左右するこの数週間の母子共生期を、いかに充実した期間にするかが、その後のわが子に大きな影響を与えるということを、両親ともに予習しておく必要があるのです。

父親やまわりの人の役割

父親や、祖父母などのお世話をする人の大切な役割は、**「母子共生期を守ってあげる」こと**です。お母さんと赤ちゃんの密な時間を充実したものにしてすごさせてあげることが大切です。できるだけ、そっと見守ってあげることが一番大切な役割なのです。

お友達とのお祝いの面会など、嬉しいことが続きますが、出産を終えたばかりの母子はとても疲れています。事情を話して早めにお引き取りいただくなど、そうしたつらい役割はまわりの人が引き受けてあげましょう。

父親の育児休暇を国策として

このように母子にとって極めて重要な母子共生期を充実したものにしてすごすことによって、その先何十年ものお互いの人生に深い絆が生まれるのです。それをサポートする父親の育児休暇がいかに重要か、おわかりいただけると思います。

しかし、それは母親のためだけではありません。**自分の腹を痛めていない男性にとっても「父親としての自覚」が芽生えるのは、この時期なのです。自分が守ってあげなければ生きていけない、か弱い命を自分の手に抱くことでわが子への愛しさが生まれ、つながりも深くなります。**

女性が母親になり、男性が父親になるこの8週間を家族で静かにすごすことで、家族という最小構成単位を作り、社会が構成されていくことに有効だとすれば、父親の育休も国を挙げて推進する価値があるはずです。

たとえば、スウェーデンでは3カ月の父親育休を8割の男性が取ります。育休を取らないと会社から問題視されるほど定着しているのです。

「初乳《しょにゅう》」の重要性!

この期間にもう一つ、とても重要なことがあります。それは母乳です。生まれてから1週間の新生児のために、それ以降の母乳とは違う「初乳」という特別な母乳が分泌されます。生まれたばかりの命のためだけに用意された特別な食べ物で、通常の7倍ものたんぱく質が含まれており、そのたんぱく質には抗体が付着していて、外界の雑菌から子どもを守るのに役立ちます。

初乳は母親の胎内とは比較にならないほど雑菌に満ちた世の中を、赤ちゃんが生き抜いていくための特別なプレゼントなのです。もちろん、母乳が出やすいかどうかは個人差がありますし、たとえ初乳をあげられなくても元気に育っている赤ちゃんはたくさんいます。ストレスにならないよう、できる限り頑張ってください。

インテリアの準備が決め手！ 生まれる前に部屋の模様替えをしておきましょう

この重要な、母子共生期と授乳を支えるのが、chapter3で詳しく解説する、「赤ちゃんをお迎えするインテリア準備」です。

出産で入院する前に、家族全員でインテリアの準備をしておきましょう。里帰り出産の場合は、実家のおじいちゃんやおばあちゃんにも協力をお願いしましょう。

ランクアップチェック

- □ 出産から8週間の期間は、赤ちゃんとお母さんにとって特別な意味がある時期。
- □ お父さんや、まわりの人の大切な役割は「母子共生期」を守ってあげること。
- □ 生後1週間の「初乳」は赤ちゃんを守る特別なもの。

keyword 2

親子の関係が激変します！『秩序の敏感期』

赤ちゃんに「秩序？」と思われるかもしれません。

赤ちゃんは世の中のことを何も知らずに生まれてきます。ですから、生まれて間もなくから、世の中の状況、ルールをものすごい勢いで**「秩序」**として吸収していきます。その吸収の仕方は、私ども大人がするような意識的な記憶の仕方とはまったく違う、「無意識的記憶」という方法です。それはあたかも、スチールカメラで一瞬にして映像にして焼きつけるような記憶の仕方です。無意識のうちにドンドン、際限なく吸収できる素晴らしい能力なのです。

しかし、**映像で焼きつけるように吸収するので、その位置や順番、方法が違うだけで、赤ちゃんは許せないくらいの不快感を覚える**のです。

たとえば、服を着るときは、いつもお母さんが右足からズボンをはかせてくれるのに、今日はお父さんでシャツから着せられてしまった！　いつも壁にかかっているお気に入りの絵が、今日は片づけられてしまった！　などなど。

また、いつものお散歩のルートと違う！　いつも、お父さんが座るいすに、お客さまが座っている……このように、大人からすれば「どっちでもいいじゃない！」が、子どもからすると「絶対こうじゃないと、許せない！」。それが「秩序の敏感期」なのです。

モンテッソーリは「子どもにとって、秩序は踏みしめる大地のようなもの！」「家を建てるところの地面のようなもの！」「魚にとっての水のようなもの！」、そのくらい大切だと言っています。確かに、歩いている大地がグニャグニャ変化してしまったら大変ですよね。

ですから、まず大切なことは、子どもには「秩序の敏感期」というものがあるのだということを知ることなのです。「秩序の敏感期」は生まれてすぐから始まり、2歳をピークにして、3歳ごろまで続きます。

キーワードは「いつもと同じ」です。

赤ちゃんがどうしようもなく泣くときは、「わがまま」で片づけてしまうのではなく、「何か、いつもと違うことをしてしまったかな？」と、疑って振り返ってみるようにしましょう。

引っ越し、大がかりな模様替えは要注意

「いつもと同じ」がとても心地が良い「秩序の敏感期」にある子どもにとって、引っ越しなどの大きな環境の変化は大変なストレスになります。

大人にとっては「気分一新」などのメリットがありますが、子どもには要注意。ときには体調を崩す原因にもなります。やむなく引っ越しをしなくてはいけないときは、秩序が乱れることで、心が不安になることもあることを知っておいてあげてください。

そして、子どものスペースだけでも、できる限り元の家と同じような配置にするなど配慮をしてあげましょう。

子どもの安定につながる「いつもと同じ」

順序、習慣、場所などの環境がいつもと同じが良いのはもちろんですが、子どもにとっての**最大の環境は「親」**なのです。

親の接し方が、いつもと同じであること、が一番の安心を生みます。授乳、おむつ替え、そのたびに、優しく、いつもと同じ語りかけをしてあげることが、子どもの何よりの安定につながります。

子どもの安定こそが、お母さんの安定にもつながります。いつもと同じは、お母さんにも効果があるということですね！

将来の「段取り力」につながる秩序のこだわり

「うちの子は、こだわりが強くて、とても難しいんです」と、相談を受けることも多くあります。そのたびに、**「こだわりが強い子のほうがあと伸びしますよ！」**と、お伝えしています。これは、決して気休めではなく、本当のことです。子どもは秩序を手がかりにして、世の中を理解していきます。
「最初はこうで、次はこう、最後はこうなるはずだ」と、順序づけて吸収していくのです。だからこそ、将来自分で活動するときに「段取り」を組めるようになるのです。それは、秩序にこだわった証なのです。

このように、わかりづらく、大人には面倒くさく感じられる「秩序の敏感期」ですが、知識を持って、わが子をよく見ること、そして秩序作りを大切にしてあげることで、子どもとの関係は劇的に改善します。
まずはわが子が今何にこだわっているのか、よ～く観察してみましょう。

次項で紹介する「赤ちゃんをお迎えする4つのコーナー」（66ページ）や「トッポンチーノ」（76ページ）もこの秩序の敏感期をうまく活用しています。実践するだけで、子育てが本当に楽になりますよ。

ランクアップチェック

- 子どもは秩序を手がかりに世の中を理解していく。
- わけのわからない大泣きのときは、「いつもと違うことをしちゃったかな?」と疑ってみる。
- 引っ越しや、模様替えは要注意!
- 親のスタンスも「いつもと同じ」が大切。

column

『わらべ歌ベビーマッサージ』

モンテッソーリ教育とは直接関係はありませんが、私は「わらべ歌ベビーマッサージ」というベビーマッサージのインストラクターの資格を持っています。男性では第一号の資格取得者だそうです（笑）。

ベビーマッサージは赤ちゃんのスキンケアだけでなくスキンシップ法ですが、さらに、赤ちゃんに、決まった時間に、決まった手順でしてあげることで「秩序感」が高まり、赤ちゃんがとても落ち着く効果があります。加えて「わらべ歌」の節がついていると、「あぁ、またあの歌が始まると、ママ（パパ）が気持ちいいマッサージをしてくれるんだ」と子どもは、心待ちにするようになるのです。

そして、手の指から、足の指までマッサージをしてあげることで、「あぁ、ここまでが自分の体なんだ」ということを、赤ちゃんは体感できるという効果もあります。

秩序の敏感期を大人が意識することで、子どもとの友好な関係を築くことができる良い例です。

わらべうたベビーマッサージ研究会　https://www.jyosansi.com

keyword 3

お母さんも赤ちゃんもニコニコ！
『赤ちゃんをお迎えする4つのコーナー』

秩序に敏感な赤ちゃんは「いつもと同じ場所で、いつもと同じ順番で」がポイントです。お部屋を４つのコーナーにわけて、「いつもと同じ」を実践するだけで、赤ちゃんはニコニコ！　お母さんの心も落ち着きます。

生まれたばかりの赤ちゃんは、泣くことによって自分の欲求を伝え、授乳やおむつ替えなどの世話をしてもらいながら、母親との人間関係を築きます。世の中のことを何も知らずに生まれてきた赤ちゃんは、世の中の情報を無意識にドンドン吸収し、それを秩序づけて、「なるほど、世の中はこうなっているんだ！」と理解していくのです。

ですから、この秩序が整っていることが、赤ちゃんにとってとても大切で、安心につながるということを知っておいてあげてください。

よって赤ちゃんが来てからバタバタと準備をするのではなく、あらかじめ次の４つのコーナーは準備しておくことをおすすめします。

その１　授乳のコーナー

ひじかけがあって、ゆったりと座れる、お母さんにとって座り心地の良い専用のいすを用意してあげましょう。このスペースはお母さんが赤ちゃんと見つめ合い、じっくり愛着関係を築く特別な場所となります。

これから長い人生を生きていく中での、人間関係の基礎が築かれる機会です。そのためには、何よりもお母さんが落ち着いて、授乳に集中できることが大切です。

そばにスマートフォンやテレビは置きません。お母さんの目線の先はつねに赤ちゃんのお顔。メールなどを打ちながらではいけません！

手の届く範囲にゲップをしたときのハンカチ、タオル、ティッシュペーパーなどを設置しておきます。また、お母さん用の飲み物も置き、途中で中断することがないように環境を整えておきましょう。

赤ちゃんは、毎日何回もここに連れて来られて、お母さんが授乳してくれる。この

「いつもと同じ場所で、いつもと同じ手順で」がとても心地良く、赤ちゃんを落ち着かせます。

スペースの関係で、このような、理想的ないすなどは設置できないかもしれませんが、**どこで授乳をするかを決めておくだけでも効果があります**ので、ぜひ、実践してください。

その2　おむつ交換のコーナー

おむつ替えをする専用の台を用意しましょう。適切な高さのおむつ台は、お母さん（お父さん）の腰の負担の軽減にもなります。授乳と同様、おむつ替えも母親との信頼関係を築く大事なコミュニケーションです。「おむつ替えようね～サッパリしたね～」など、明るく話しかけながら行いましょう。

授乳が中断されないように必要なものを手元に置いておきましょう。

●ゲップをしたときのハンカチ
●汗をふくタオル
●ティッシュペーパー
●お母さんの飲み物
●温度計・湿度計　など
（IKEA港北店で購入）

ゆったりと座れるひじかけのあるいす。赤ちゃんとお母さんの愛が深まる大切なコーナーです

ここに毎日、何回も連れて来られると、徐々に赤ちゃんは予想がつき、「ここに来るとおむつを替えてサッパリしてもらえるんだ」ということを理解します。しだいに、赤ちゃんも腰を浮かすなど、協力し始めます。いつも同じ場所で、同じ手順で行われることで、赤ちゃんの中の「秩序感」が保たれ、赤ちゃんの心も落ち着いてきます。

授乳コーナーと同様、おむつ替えに必要なすべてのものを、片手で取れるくらいの距離に設置しておきます。

毎日、何回も繰り返される「おむつ替え」が、親子両方にとって「暗く・きつく・つらい」時間ではなく、「明るく・楽で・楽しい」コミュニケーションの時間になるように、おむつ替えのコーナーはしっかり整備しておきましょう。

家の外でおむつ替えするとき

当然、いつものおむつ台は外にはありませんので、防水のおむつ替えのシートを持ち歩き、「いつもと同じシートの上で」を心がけましょう。いつも使っている防水のシートを用意して持ち歩きます。「場所は違うけれど、あぁいつものシートだ！　おむつを替えてくれるんだな」と、赤ちゃんは安心します。

その3 運動するコーナー

赤ちゃんが目覚めているときは、運動するコーナーに連れてきてあげましょう。

もちろんまだ、ハイハイなどの活発な運動はできません。しかし、目を動かして、頭上で緩やかに動くモビールに焦点を合わせる運動をしたり、鏡に映る自分の姿を見るために、顔を向けたりすることが運動になるのです。

もちろん、鏡の中にいるのが自分であることに気づくのはまだまだ先です。しかし、鏡に向かって笑ったり、手を伸ばしたりすることで刺激を受けることができます。

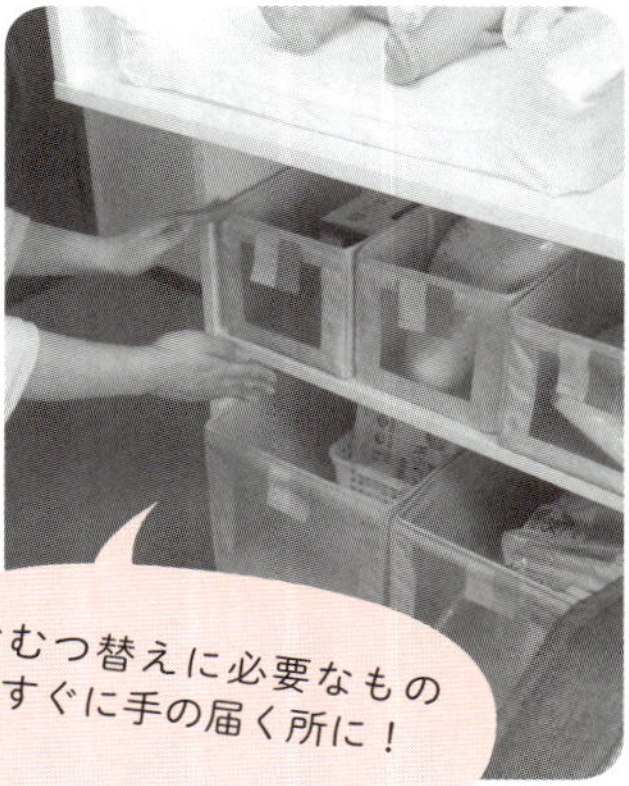
おむつ替えに必要なもの
はすぐに手の届く所に！

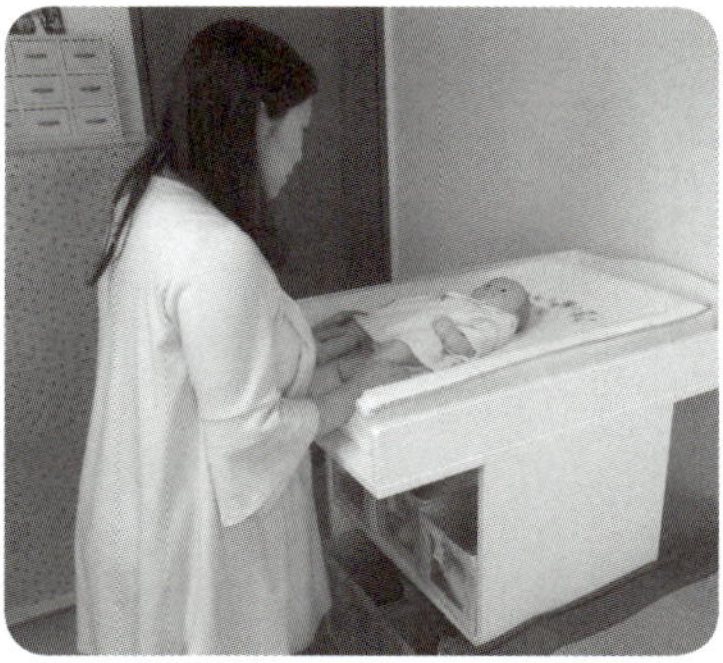

適切な高さのおむつ台はお母さん（お父さん）の腰を守ります（IKEA港北店で購入）

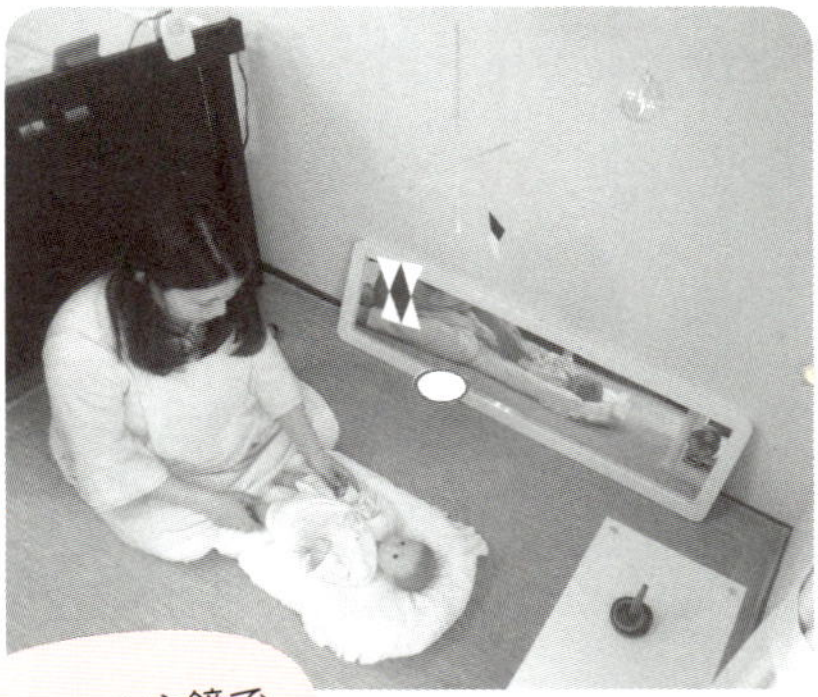

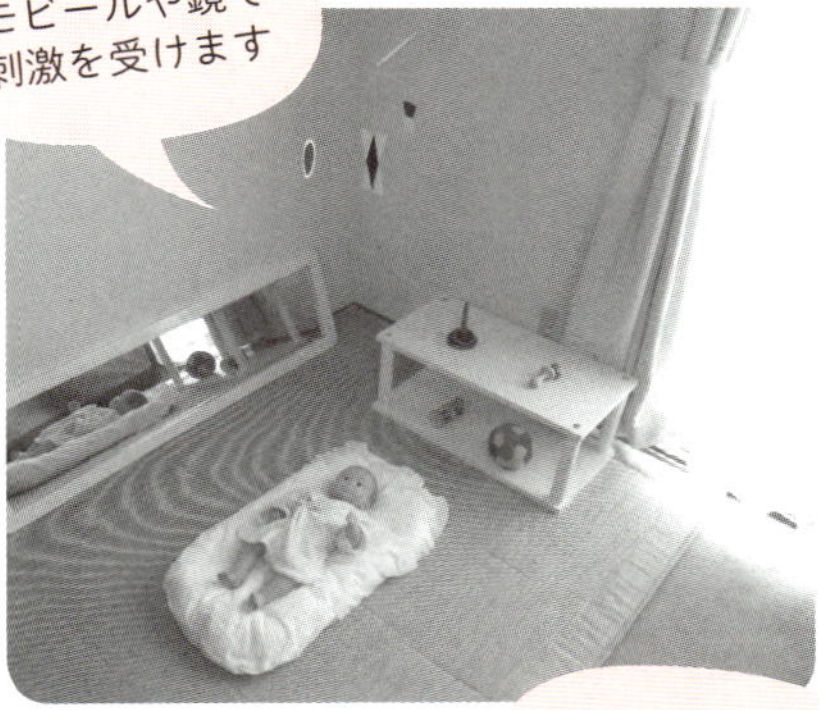
モビールや鏡で
刺激を受けます

赤ちゃんは
鏡が大好き♥

床には落ち着いた色のシーツを敷いても良いですが、日本の畳は赤ちゃんを育てる部屋の床としては最高です。滑らず、適度に暖かく、立ち上がってすぐに転んでも適度なクッションになるのでおすすめです。

次のステップとなるハイハイやつかまり立ちを促すような安定性の良い棚の上に、魅力的なおもちゃ（教具）を少しだけ置いておくのがポイントです。

その4 寝るコーナー

生まれたばかりの赤ちゃんは、1日のうちのほとんどの時間を寝て過ごします。お家の中でも、一番静かで、空気がきれいな場所を選んであげましょう。2つの方法があります。

❶床に布団を敷く場合

メリット 視界を遮《さえぎ》るものがない。動けるようになると寝たいときには自分で布団まで行き、目が覚めたら自分で布団から起きてくる自由がある。

デメリット ほこりを吸いやすい。兄弟、ペットなどに睡眠を妨げられる。

❷ベビーベッドを使う場合

メリット 床よりも上なので空気が良い。外部からの刺激から守られる。大人の腰が楽。

デメリット 檻《おり》に入れられているような閉塞感。自分で自由に寝起きできない。

家族の写真や素敵な絵画など、いつも見慣れたものがあることが落ち着きをもたらします。場所を決めることで、「ここに来ると眠るんだ」ということを理解するようになります。

※夜は暗く、朝はカーテンを開けて明るく。昼と夜の違いを体感させてあげましょう！

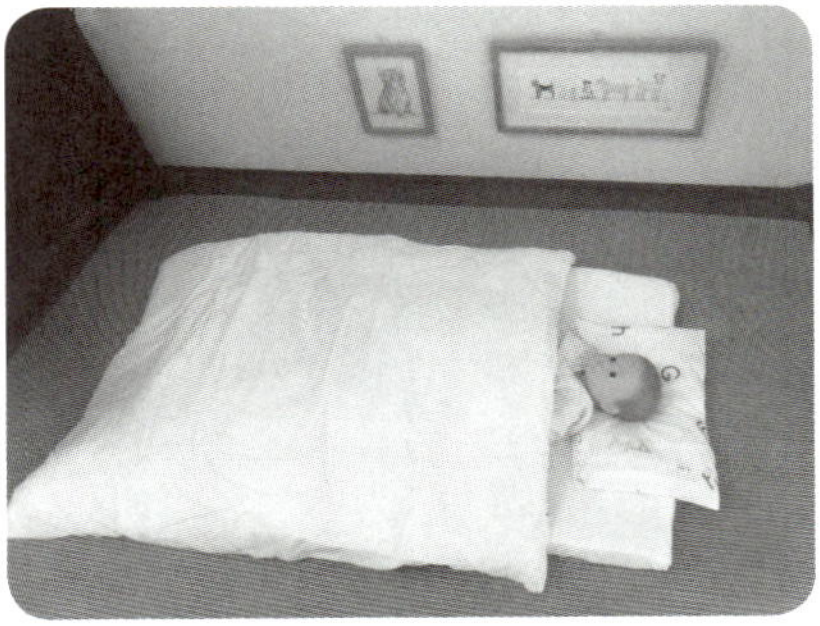

自分の意志で自由に出入りできる

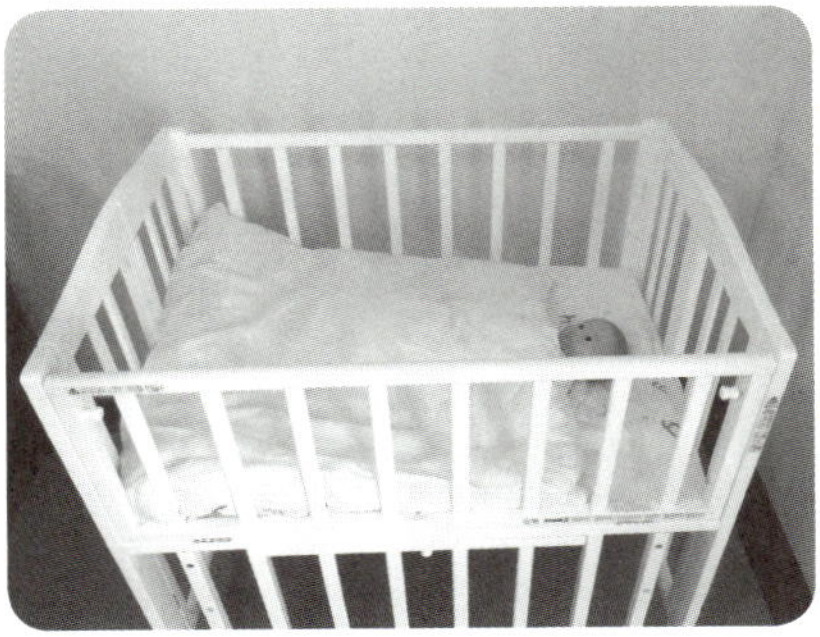

空気が良く、外部からの邪魔がない

赤ちゃんをお迎えするインテリアチェック

- □ 授乳・おむつ替え・遊び・睡眠の4つのコーナーにわける。
- □ スペースの関係でコーナーが作れなくても、場所は決めておく。
- □ いつもと同じ場所・同じ順番が赤ちゃんを安心させる。
- □ 授乳のコーナーには、落ち着いて座れるいすを用意する。
- □ 授乳を中断しないように、必要なものを手元に置いておく。
- □ おむつ替えは専用の台を用意する。
- □ 外出先では、同じおむつ替えのシートを用意しておく（いつもと同じシート）。
- □ 運動するコーナーには、モビール、棚、握れるおもちゃを用意する。
- □ 鏡は子どもが、自分を知るための助けになる。
- □ 運動するコーナーに「畳」は理想的。
- □ 睡眠のコーナーは、一番静かで、空気のきれいなところに。
- □ 室内の温度だけでなく、湿度にも注意する。
- □ 床に座り、赤ちゃん目線で安全をチェック。

- □ 誤飲しそうな物が床に落ちていないか、落ちてこないかチェック。
- □ 充電のコード、延長コードなどは手の届かないところに。
- □ 棚などの耐震補強も万全にする。
- □ 非常時の持ち出し袋に、オムツ、ミルク、水などを準備する。
- □ じゅうたんやベッドの掃除、ダニ退治は事前にすませておく。
- □ エアコンのフィルター掃除なども事前にすませておく。
- □ ペットとのコンタクトは、アレルギーがはっきりするまで避ける。
- □ お兄ちゃん、お姉ちゃんの自分の居場所をしっかり確保してあげる。

keyword 4

赤ちゃんが泣きやむ不思議なお布団！『トッポンチーノ』

生まれたばかりの赤ちゃんは、不安とともに生まれてきます。視野もせまく、お母さんの声やにおい、体に触れる触感などをたよりにしています。

そのため、お母さんに抱っこされているときはスヤスヤと眠っていたのに、お父さんにバトンタッチしたとたんに、火がついたように泣き出したり、やっと寝ついたので、ベッドにそっと置いたとたんに烈火のごとく泣き出すなどということはよくあることです。今まで背中に受けていた感覚が変わったり、においが変わったことを赤ちゃんが敏感に察知するからです。

赤ちゃんをお迎えする前に、ぜひ準備しておきたいのが、モンテッソーリ教育に基づいて作られた「トッポンチーノ」です。「イタリア風お布団」と言えば良いでしょうか？

イタリア語で「小さな枕」を意味し、その上に新生児を乗せ、そのままの状態で抱っこします。そうすれば、においも、背中への感覚も変化せず、同じ秩序感が保たれるので、赤ちゃんは安心していられるのです。

抱っこする側も、首が据わらない新生児を抱っこするときは、緊張するものです。しかしトッポンチーノごと抱っこするととても安定します。出産前からお母さんが枕代わりにして寝ていれば、お母さんのにおいがたっぷりつくので、赤ちゃんはとても安心できるのです。**いつもと同じが大好きな秩序の敏感期を味方につけた逸品**です。

授乳をするときは新米お母さんも、赤ちゃんも一生懸命です。思わず汗だくになってしまいますが、トッポンチーノがあれば、肩の力を抜いてできるので、体温も上がりません。

2人目のお子さまにもとても有効

トッポンチーノは実は2人目のお子さまにもとても有効です。1人目のお兄ちゃん、お姉ちゃんは、生まれてきた自分の弟、妹を抱っこしてあげたい優しい気持ちでいっぱいです。

しかし、首も据わらない新生児を抱っこするのは無理な話です。でも、このトッポンチーノを使えばご覧のとおりです。お兄ちゃん、お姉ちゃんとしての自覚も芽生え、「赤ちゃん返り」を軽減する効果もあるのです。

おじいちゃん・おばあちゃんのマストアイテム

実は私も、最近、孫が生まれたのですがトッポンチーノに本当に助けられています。私は子育てのベテランなどと言われていますが、大切な新生児を久々に抱っこするときは緊張するものです。腕に汗はかくし、肩はパンパン。でも、トッポンチーノごと抱っこすれば楽々です。ママのにおいがついているので、ジイジにバトンタッチしても泣かないのは、本当にありがたいものです。里帰りのときも、そのまま子守をお願いしましょう。

赤ちゃんは大きくなりますが、3カ月くらいまでは使用可能です。しかし成長した後も愛着から、寝るときも手放さないお子さまが多いようです。日本ではなじみがなく、存在さえも知られてきませんでした。裁縫が得意な方は手作りするのが一番ですが、今は通信販売で完成品も買えますし、ワークショップも開催されています。ぜひ出産前に準備しておきましょう。

ワークショップはサロンドバンビーノにて開催しています
https://www.topponcino-bambino.com/

keyword 5

赤ちゃんは焦点を合わせる練習をするんです！

『モビール』

真っ暗なお母さんのお腹から生まれたばかりの赤ちゃんは、目がまだよく見えません。30センチの距離にしか焦点が合わせられません。ちょうど、授乳のときのお母さんの顔の距離なのです。色彩も初めはカラーではなく、白と黒の区別しかつきません。そのため、赤ちゃんは、生まれてすぐから、物に焦点を合わせて、しっかり見る練習を始めるのです。しかし、見上げたときに真っ白な天井しか見えなかったらどうでしょうか？　練習ができませんよね！

だからといって、オルゴールつきで赤ちゃんの頭上でぐるぐるまわる「メリー」は大人から見ると華やかで楽しそうに見えますが、生まれたばかりの赤ちゃんにとっては、うるさく、回転がはやすぎて目で追うことができないのです。

そこで、準備してあげたいのが「モビール」です。

風に揺られる、シンプルなモビールは、静かで、焦点を合わせる練習にピッタリなのです。

写真はモンテッソーリ教育に基づいて作った「ムナリモビール」と、「ゴビモビール」です。日曜工作で簡単に作ることもできます。

わが子が初めて目にするものが「お父さん（お母さん）の手作り」なんて素敵ですね！

手作りモビール、
楽しんで
作りましょう！

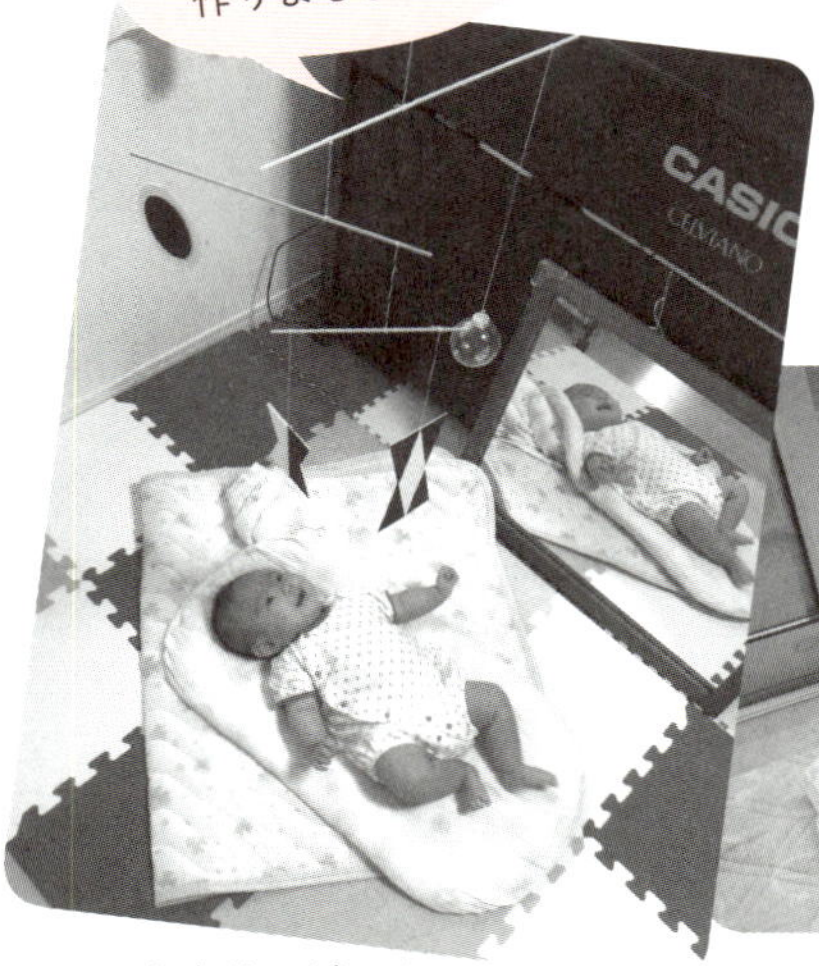

ムナリモビール

ゆっくり動くからこそ
赤ちゃんの目の運動になる

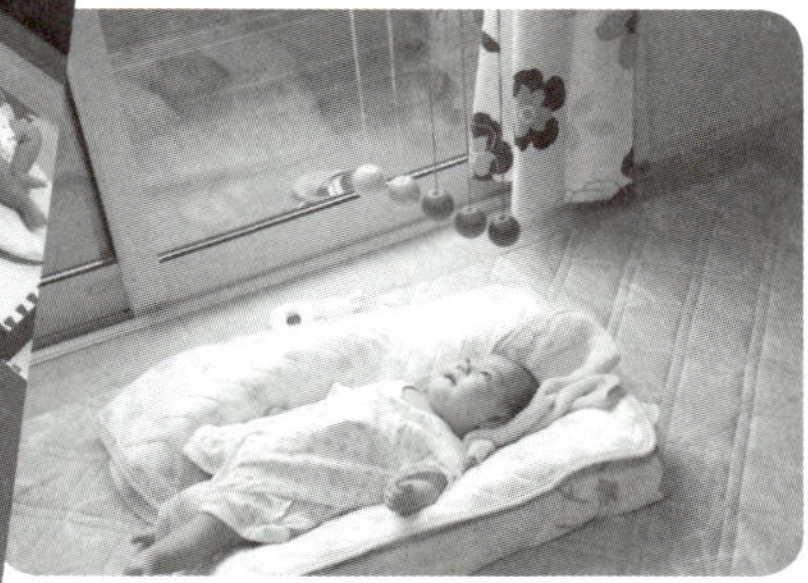

ゴビモビール

keyword 6

衣服はもっとも身近で大切な環境！

『衣服えらび』

皮膚は胎内で一番最初に作られるとても重要な感覚器官で、妊娠7～8週目には完成されます。生まれてから皮膚を通して得られる触覚のおかげで、外界の様々な情報を得ることができます。ですからその皮膚を包む衣服は、子どもにとってもっとも身近で、大切な環境と言えるのです。単に大人の目線での「かわいい」「きれい」といった基準でなく、子どもの成長を援助するという視点で衣服をえらびましょう！

新生児の衣服えらびのポイント

1. 皮膚がとても敏感です。
2. 自分で温度調節ができません。
3. 赤ちゃんは着替えがあまり好きではありません。

●短肌着

赤ちゃんの肌着の基本。丈は腰まで。首が据わるまでは、かぶりタイプのものは好ましくありません。赤ちゃんは着替えがあまり好きではないので、ストレスなく着替えられるものを選びましょう。

●長肌着

短肌着の丈を長くしたもの。足の動きが少ない新生児に向いている。ボタンが少ないので頻繁なおむつ替えに便利です。

赤ちゃんは汗っかきなので吸湿性に注意しましょう。

●カバーオール　2カ月ごろ～

手足の動きが激しくなってきたころに移行します。ただし、足の先までカバーがついたものは、ハイハイなどのときにすべって動きを阻害するので避けましょう。

スナップはプラスチックなど軽くて、肌へのあたりが少ないものを。

●ロンパース　ハイハイの時期

ハイハイが始まると、衣服がずれやすくなるのでロンパースに移行します。胸にボタンがないのでハイハイしても痛くないのが特徴です。股の部分がスナップになっているので、おむつ替えも楽にできます。

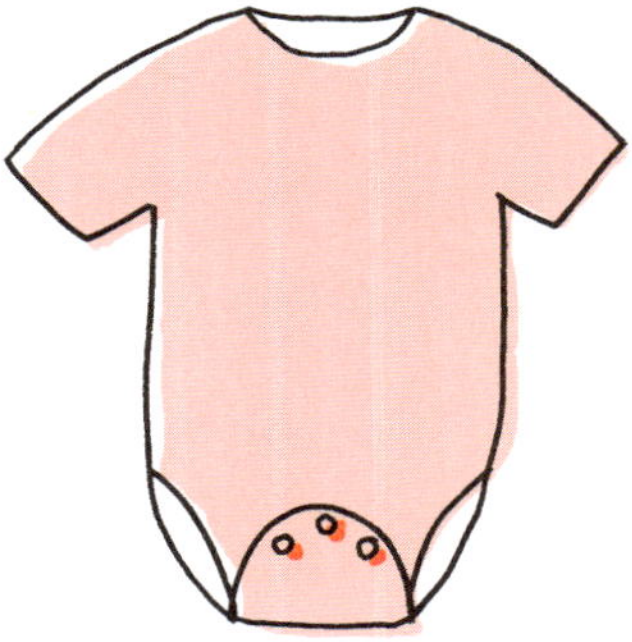

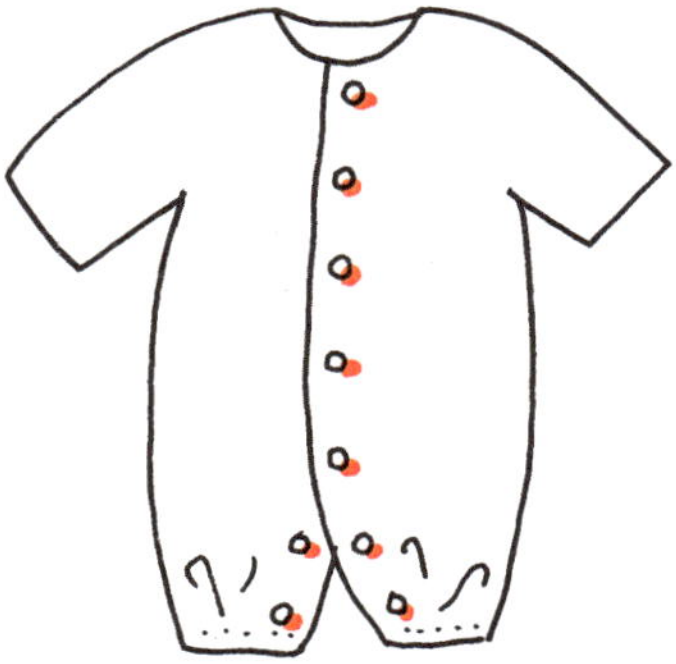

●セパレート
つかまり立ちの時期〜トイレトレーニング

上下がわかれた衣服です。

運動量があがり、汗もたくさんかきます。よって吸湿性の良いものを選択します。また、歩きまわることで、特に下半身をよく使うようになるので、伸縮性の良いものを選択します。

トイレトレーニングを始めるころには、ロンパースなど自分で脱げないものは卒業し、自分ではきやすく、脱ぎやすいセパレートに移行します。この段階からは「一人でできる」を最優先に選択します。

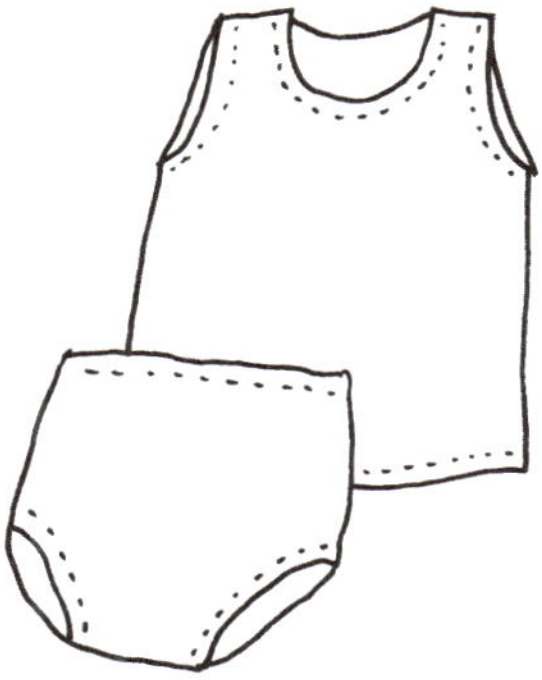

最近はやりの「柔軟剤」には要注意

柔軟剤を使うと、衣類がゴワつかず、ふんわりすることは確かです。しかし、最近の柔軟剤はにおいがきつすぎるのが難点です。

生まれたばかりの赤ちゃんは嗅覚もとても敏感です。柔軟剤のきつい匂いは刺激が強すぎるので避けましょう。

もし、使うのであれば「消臭系」のふんわり仕上げのものを選択してあげましょう。

プレゼントをいただくときも、しっかり指定しましょう

このように、子どもの成長に合わせて、肌着も変化していきます。しっかり予習しておけば、プレゼントをいただくときに、指定させていただくこともできます。

赤ちゃんを育てた経験のない人にとって、出産のプレゼントをえらぶことはとても大変なことなのです。具体的に本当に使うものを指定してお願いしたほうが親切ともいえるのです。

ランクアップチェック

- □成長と、活動に合わせて肌着を選択する。
- □デザイン、かわいさよりも機能性を重視する。
- □つかまり立ちをすぎたら、「一人で着たり脱いだりできる」に注目する。

keyword 7

手の動きこそ、成長のバロメーター！『握る・ガラガラ』

モビールなど「見る」だけの対象だったものが、やがて「触る」対象に変わります。最初は偶然、自分の手が触れ、その物体が反応したことに大きな驚きと喜びを覚えます。

以下の写真のような、触れると音がするもの、触れると引っ張れるものなどを、つるしてみましょう。やがて、「引っ張りっこ」などコミュニケーションの道具にもなります。弱い力でも引っ張ることができるように、ヒモよりもゴムでつるしたほうが良いでしょう。

触れると音がし、赤ちゃんは興味深々！

物を握れるようになったら、ガラガラなどのおもちゃ（教具）を準備します。人間の進化は、立ち上がり、両手が自由になり、親指を使ってしっかりと物が握れるようになったことから始まります。そして、道具を握り、使いこなすことによって過酷な自然界を生き抜いて来ることができたのです。握ったものを「はなす」「持ち代える」など、人間の手の発達過程を見逃さないようにしましょう。

ガラガラをえらぶポイント

❶赤ちゃんが握りやすい太さ（直径8ミリ程度：意外と細い）
❷口に入れるので衛生的で、安全なもの。
❸振ると音がする、動くものも良い。
❹様々な感触を味わうために、数種類の材質を準備して、選ばせる。
❺ハイハイできるようになったら棚などに並べて、自分で選べるように置いておく。

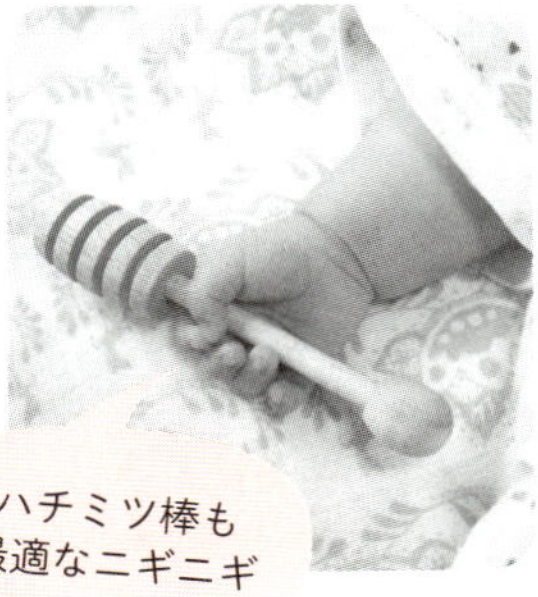

ハチミツ棒も最適なニギニギ

手作り派は「キャンディ・スティック」

新生児に安心して持たせられて、適度な太さと柔らかさのある「ニギニギ」は市販されていません。手作りができる方は「キャンディ・スティック」をおすすめします。布（9センチ×5センチ程度の長方形）を筒状に縫い、裏返したら中に綿や、お米などを入れて両端を絞って閉じます。中に小さな鈴など入れて音がするようにしても良いですね。口に入れても安全な材質で、様々な感触を楽しませてあげましょう。何でも口に入れて確かめるので、安全性はもちろんですが、衛生面を考えて、複数作っておき、傷んだものはドンドン捨てるようにしましょう。

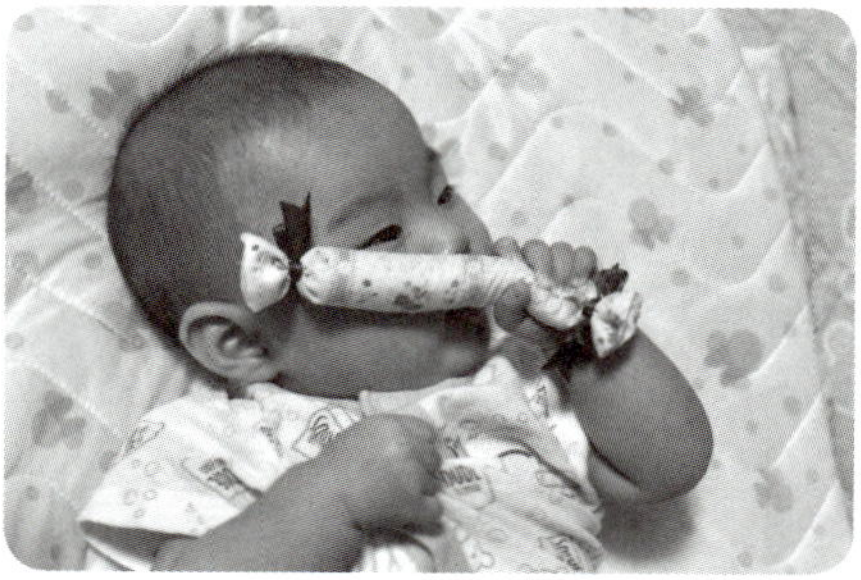

6カ月をすぎるころから、握ったものを「はなす」「持ち代える」など、様々な活動を楽しむようになります。さらに、10カ月くらいになると、自分の手に持ったものを、親に「どうぞ！」「ありがとう」と手渡す遊びに移行していきます。

発達を働きかける「教具」とおもちゃの違い

モンテッソーリ教育の教具を初めて見た人は、カラフルなおもちゃにしか見えないと思います。しかし、おもちゃは自由気ままに扱えて、複数の使用目的を持っています。

それに対して「教具」は、**子どもの成長ごとにわけられ、使用目的を一つに絞って作られている**点において、おもちゃとは一線を画す存在なのです。

ガラガラなどは、赤ちゃんを「あやす」おもちゃと捉えられがちです。本来「あやす」というのは、「所詮、子どもは何もできないのだから」という上から目線から取られる行動です。人間の自ら成長したいという強く、純粋な欲求に対して「働きかける」という対等なスタンスで、良いものを選び準備してあげましょう。

ランクアップチェック

- □ 子どもの成長のバロメーターは「手指の動き」を見ること。
- □ 最初に握るガラガラは細く、安全な物を。
- □ 握ったものを手放したり、持ち代えたり、渡したりは成長の証。

keyword 8

パパの手作りで、初めての第一歩！
『0歳児の棚』

「生まれたばかりの赤ちゃんに棚が必要なんですか？」という声が聞こえてきそうですが、赤ちゃんを、次のステップへ導く大切な役割をしてくれるのが「棚」なのです。モンテッソーリ教育の環境では、「棚」の存在がとても大切になります。

つかまって立つ、棚が子どもの自立を助けるからです。そして、その自立の課題は年齢とともに変化していきますので、棚の役割、仕様も発達に合わせて変化します。

この段階で最初の棚は、手作りでも簡単にできますので、ぜひ、準備してあげてください。お父さん出番ですよ！

モンテッソーリ
教育TV
「棚の作り方」

ホットコーナーは棚の一番下の段

生後半年もすると、赤ちゃんはズリバイを始めて、やがてハイハイへと向かいます。このときに有効な教具は、布のボールなどです。手に触れるとコロコロと転がるので、追いかけているうちにハイハイが上手になります。

大切なのは、あまり転がりすぎないことです。あまりにも遠くまで転がってしまうと、赤ちゃんは追うのをあきらめてしまうからです。

この月齢での赤ちゃんの目線は一番下の棚の高さに集中します。ここが「ホットコーナー」ということです。ですから、一番下の段に教具を「2個」並べておきます。この2個というのがポイント！　それは赤ちゃんに自分で「選択」してほしいからです。「0歳から選択なんて必要ですか~!?」と思われるかもしれませんが、自分で選択することは、これから自立して生きていく上でもっとも大切な素養となるのです。

次のステップは「つかまり立ち」

そして、ハイハイが上手になると、今度は「つかまり立ち」に向かいます。このときに、この棚をたよりに立ち上がるのです。

ですから、棚の安定性はしっかり確認しておきましょう。今度は、**ホットコーナーは棚の2段目**に移ります。

この2段目に、赤ちゃんが持ってみたくなるような魅力的な教具を2、3個置いておきます。つかまり立ちができると、伝い歩きをして、手を放すようになります。そのことで両手が自由になり、道具を手にすることができるようになるのです。まさしく、人間の進化の瞬間をわが子に見ることでしょう！

「一人で立てたよ！」「道具が握れたよ！」という満面の笑みを見逃さないでください。

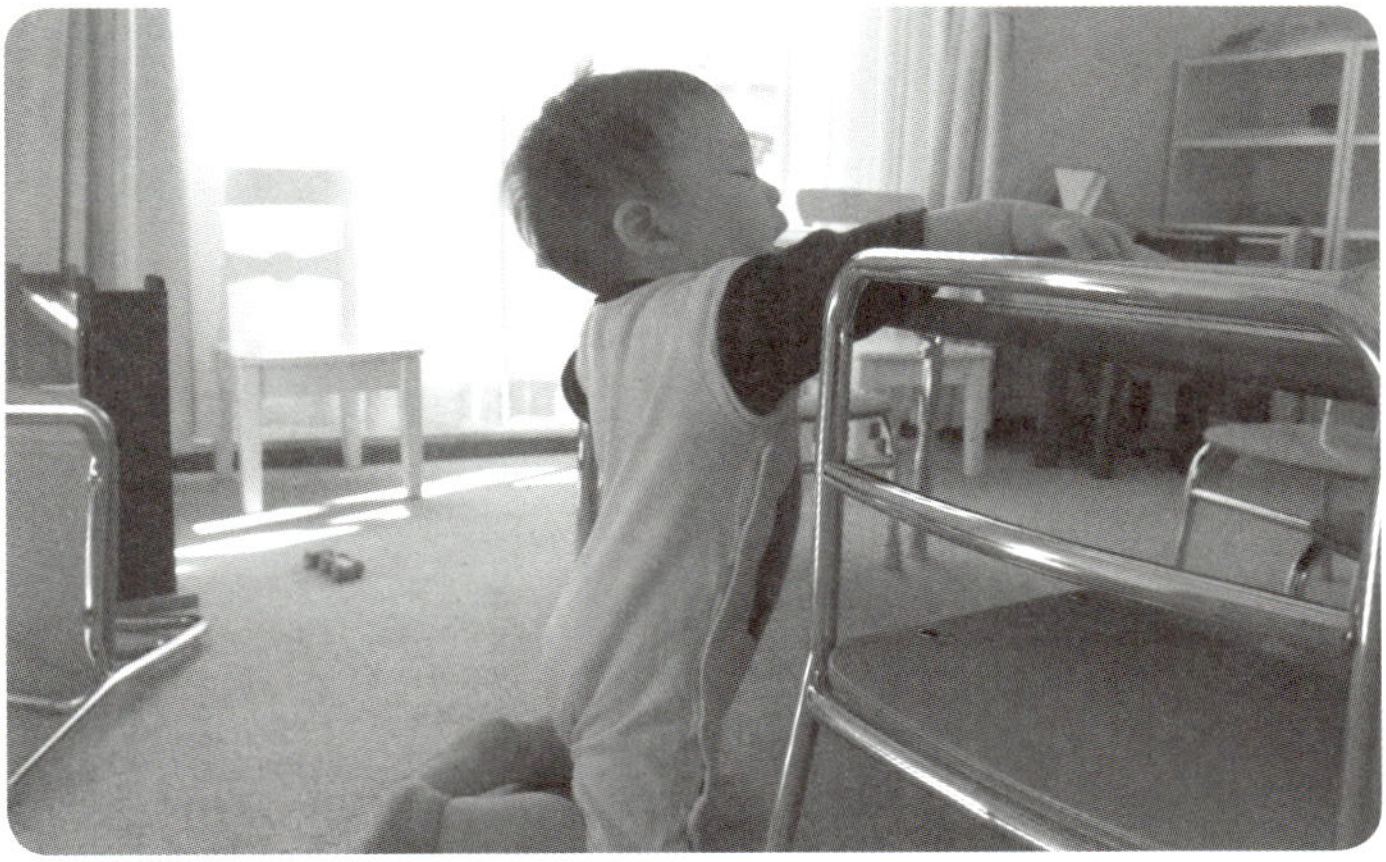

机の上のものに触れてみたい ➜ つかまり立ち

喜びの瞬間！

環境がそろっていないと、人間は立ち上がらない

身体的に障害がなければ、人間は自分の力で立ち上がります。しかし、そのための最低限の環境がそろっていないと立ち上がろうとしません。

「この子、なかなか立ち上がらないのですが……」という子育て相談を受けたときのことです。その日は原因がわからなかったのですが、後日、ご自宅に伺う機会があり原因がはっきりしました。

マンションのリビングは綺麗にかたづけられ、危ないということで家具もなく、棚もすべて閉じられ、床にいくつかのおもちゃがあるだけでした。

要は、つかまり立ちする対象がまったくなかったのです。そして、おもちゃは床にあるだけですから、立ち上がって手にしたいと思う対象もまたまったくなかったのです。彼は立ち上がる対象も、理由もなかったのですね。

お父さんに協力いただいて棚を置き、その上に持ちたくなるようなおもちゃを数個設置しました。数日で彼は、その棚に体を預け、立ち上がり伝い歩きを始めました。

環境がいかに大切かという一例ですが、安全、清潔が過ぎると、興味の対象までなくなってしまいますので注意が必要です。

ランクアップチェック

- ☐ 子どもの成長を理解して、わが子の今に注目し、次の成長のための環境を準備しておく。
- ☐ 子どもの成長に合わせて「棚」を用意する。
- ☐ 子どもの目線が集中する「ホットコーナー」を意識する。

keyword 9

やり出したら止まらない、それが集中の始まり!『トラッカー』

赤ちゃんがハイハイからつかまり立ちに移行する時期に有効な「トラッカー」という教具があります。モンテッソーリの教具でなくても似たものがありますので、代用も可能です。ただし、いくつか注意点があります。

子どもがやわらかいゴムのボールをレールに乗せると、転がるボールを目で追います(追視)します。注意点は**転がるスピードがはやすぎないものをえらぶこと**です。この年代の子でも目で追いかけることができるような、ゆっくりした転がり方が大切です。早すぎると目で追えずに、興味も失ってしまうからです。折り返すボールを追う目の動きは、のちに文章を読むときにも必要な動作となります。

もう一つの注意点は安定性です。はじめはハイハイしている赤ちゃんの目線に合わせて、一番低いレールにボールを乗せます。そのうちに他の子どもや大人が一番上からボールを流すのを見て、自分も一番上に手を届かせたくなります。これがつかまり立ちのきっかけになるのです。ですので、体重をかけてつかまっても倒れないような安定性の高いものをえらぶか、台を補強して安定性を高めておく必要があります。

この教具はどの子にも大人気で、必ず繰り返す不思議な魅力があり、私のサロンでも初めていらしたお子さまには必ずすすめるお仕事の一つです。

大きく、安定性が高いものがおすすめ

初めての場所に連れて来られて不安げなお子さまでも、ボールを穴に落とすだけで、コロコロ転がり、反転するボールを目で追うことで「何となく、これなら私もできそうだ！」という、自己肯定感が芽生えるからです。ご自宅でもトラッカーは購入しても損はないと思います。

この活動が好きだったお子さまは、やがて高学年なると子ども向けテレビ番組の

「ピタゴラスイッチ」のように、自分で紙のレールを作り、ビー玉を転がし、物理的な思考を楽しむようになります。

スツールは伝い歩きが連続してできる優れもの

つかまり立ちから、伝い歩きへの移行期に有効な家具に「高さの低いテーブル」や「スツール」があります。重くて安定性が高いものがおすすめです。

さらに、円形のスツールであれば、伝い歩きをグルグルまわって、連続して繰り返すことができます。

リスクの再点検！「誤飲」「水まわり」「窓際」「ベランダ」

❶「ハイハイ」＝「誤飲」

ハイハイをし出すと、俄然、行動範囲が広がります。活動スピードも上がり、目を放せないとはこのことです。今、ここにいたのに、ちょっと目を離したすきに、部屋の隅に行って静かにしている。よく見ると、落っこちていたゴミを口に入れている！などということが繰り返されます。お父さん、お母さんが再度、ハイハイ目線になって安全をチェックしてください。

❷伝い歩きを始めたら、最重要注意点は「水まわり」です

この月齢の痛ましい事故は水まわりで起きます。お風呂桶に張ってある水は要注意です。ヨチヨチ歩きのころは、頭が重いので転倒しやすく水没の可能性があるからです。

次は転落事故です。運動の敏感期にある子どもたちは、何にでもよじ登ろうとします。窓際の棚、ベランダの物置など、子どもがよじ登れる高さのものを今のうちに総

チェックしてください。

そして、祖父母の家も、孫が来る前にすべて再チェックしておく必要があります。

❸目線の変化

ハイハイを始めたら、親は次のステップを見越して、つかまり立ちの環境を整えていきましょう。

棚においても、立ち上がった目線にあたる2段目、3段目が「ホットコーナー」になるので、安全で魅力的なものをそこに置きます。

また、触れられては困るもの、危ないものは手の届かない場所に移動しておきます。

ランクアップチェック

- □ つかまり立ち、目で追う力を養うために「トラッカー」は有効。
- □ つかまり立ちするための棚、丸いスツールなどを用意する。
- □ 子どもの行動範囲が大きく広がるので、安全を再点検する。

column

「成長のチェックリスト」と大きな違いが出てきたら

「成長のチェックリストの月齢はあくまで目安です！　決してわが子のできていないところを探すためには使わないでください」ということは、冒頭でお話ししたしました。しかし、3歳近くになってくると発達の段階に差が出てくることも事実です。1年以上の開きが出てきた場合は、「何か問題があるのかしら？」と考える必要が出てきます。

私のサロンでも、発達の状況に関する相談は多々あります。ご両親が勇気を出して早めに専門家、専門医に相談されたことで、原因がみつかり、再度、ご自宅の環境やフォローの仕方を見直し、とても良い方向に進んでいるケースもあります。早い段階でお子さまの行動が理解できるようになったことで、できない事ばかりに目を向け、人格まで傷つけてしまう「二次障害」を防ぐことができます。たとえ、発達がゆっくりでも、その順序は変わりません。本来、モンテッソーリ教育は障害児教育から始まっていることもあり、ゆっくりだからこそ、わが子のペースに合わせる、スモールステップスがより大切になってくるのです。

keyword 10

スマートフォン育児にさようなら！

『言語の敏感期』

赤ちゃんの聴覚はお母さんのお腹の中で「妊娠7カ月」頃から発達していきます。ですからお母さんやお父さんの声を、お腹の赤ちゃんに聞かせることは、言語力を発達させるために大切な、第一段階となります。そして、生まれてから2カ月くらいから、話している人のほうを向くようになります。生まれてから3歳くらいまでは無意識的記憶という素晴らしい能力で、見たもの、聞いたものを何でもドンドン吸収していきますので、たくさん話しかけて、語彙《ごい》を増やしてあげるようにしましょう。

赤ちゃんに話しかける3つのポイント！

❶口もとをよく見せる

赤ちゃんは声が発せられることが不思議でなりません。声を発する口もとをジッと見るようになります。ときには口もとに手を伸ばして触れたがります。ぜひ口もとを大きく動かし、よく見せながら発語してあげましょう。

❷ゆっくり話す

子どものペースは大人よりもはるかにゆっくりなものです。話すときにはゆっくり、はっきりを心がけて、話しかけてあげましょう。

❸普段よりも高めの声で

赤ちゃんにやさしくささやくような独特の話し方を育児語（マザリーズ）と呼びます。普段の話し方と違う、「ゆっくり、やや高め、抑揚たっぷりの話し方」は、母語の音素の吸収を助けます。特に声の低いお父さんは、ワントーン高く！　を心がけてあげましょう。

初めての出合いは「実物」から！

無意識的記憶という素晴らしい能力を発揮して、ドンドン言語を吸収している時期において大事なことは、たくさんの「本物・実物」を見せ、聞かせ、触らせることです。

必ず「実物」から出合わせてあげましょう。写真や絵、アニメなど、世の中はドンドン「抽象化」へと進みます。しかし、赤ちゃんの頭の中は、大人が思うよりはるかに、この抽象化についていけないものなのです。ですから、極力、実物から始めることが大切なのです。

９カ月をすぎるころから、人が指差す先にある物を一緒に見ることができるようになります。これを**「共同注意」**といいます。

家の中では実物を指差しながら「テレビ、電話、机」、動物園に行ったら「ライオン、象、キリン」、スーパーマーケットに買い物に行ったら「ピーマン、ジャガイモ、スイカ」といった具合に、実物を見せながらドンドン語りかけてあげましょう。

視覚だけでなく、可能な限り、その他の五感をフルに使って体感させてあげましょう。たとえばジャガイモでも、持ってみると、そのザラザラした感触や重さ、においなどが実体験として定着していきます。

実物を十分に見せた次の過程で、抽象化された「写真」「絵のカード」などへと段階的に移行していきます。

子どもの身のまわりにある、動物、果物、野菜、乗り物などテーマ別にわかれた絵や写真のカードを使って、様々な言語を伝えます。

この段階ではインプットに専念し、アウトプットを求めないことが大切です。

ワンランク上の言葉がけ「言語の三段階」

親なら誰でも、わが子にたくさんの言葉を覚えてほしいと思うものです。
そこで、リンゴやバナナを手に取って、「これはリンゴよ～！　これはバナナ！　これはブドウ……」、こうして語りかけます。ここまでは素晴らしいことです。ドンドン見せて、名前を聞かせてあげてください。
しかし、大人はすぐに、ここで本当にわが子が言葉を覚えたのか試してみたくなってしまうのです。

親：「これなぁに？」
子：沈黙…………………
親：「リンゴって言ったでしょ！　リンゴ、リンゴ、リンゴ」

しかし、これが間違いなのです。子どもには**「見たことがある。そして名前も知っている。でも発語できない」**、そうした段階があることを知っておいていただきたいのです。

下の図をご覧ください。一番上の小さな三角の部分が、私ども大人が「話せる」という部分です。つまり、物と名前が一致していて、かつ発語できる第三段階です。

しかし、まさに氷山の一角。本当に一部に過ぎないのです。

子どもにとっては、第一段階の「見たことがある、でも名前も知らない」、この部分が圧倒的に大きいのです。

そして、その上に第二段階の「見たことがある。そして名前も知っている。でも発語できない」この段階があることを知っていることが大切なのです。

言語の三段階

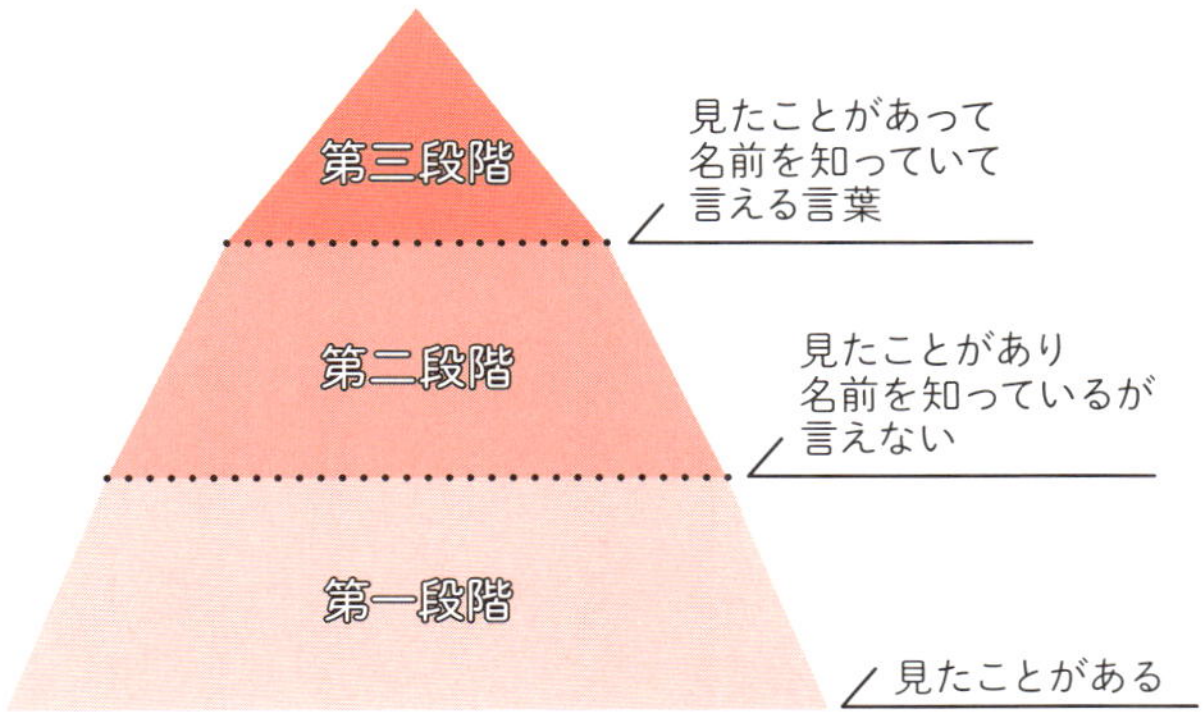
第三段階
見たことがあって
名前を知っていて
言える言葉
第二段階
見たことがあり
名前を知っているが
言えない
第一段階
見たことがある

0～1歳の間は、第一段階に徹底します。ただただ、本物を見せ、名前を聞かせていきます。そうすれば無意識的記憶という素晴らしい力で、ドンドン吸収していきます。この段階では、一切、アウトプットを求めないのがポイントです。

1歳をすぎて、物の名前をいくつか言えるようになったら第二段階に移行します。3個ほどの物を見せ、名前を聞かせた後、「これは、なぁに？」と聞かずに、「リンゴはど～れ？」もしくは、「リンゴをちょうだい」と、聞くのです。

そうすることで、発語できない段階にあっても、リンゴを指差したり、手渡してくれるはずです。

こうしたやり取りを続け、そろそろ大丈夫かな？　と思ったら初めて、「これな～に？」の第三段階に移行するのです。

これが**「セガンの3段階レッスン」**という語りかけです。

これはフランスの医師、エドワード・セガンが精神的に発達の遅れた子どもたちのために考案した方法で、モンテッソーリがすべての子どもに活用して成果を上げました。

私どもモンテッソーリ教師も何回も練習して、実践に活用しています。ぜひ、皆さまも活用してみてください。

ランクアップチェック

- □赤ちゃんに話しかけるときは「口元をよく見せ・ゆっくりと・少し高い声で」を心がける。
- □初めての物との出合いは「実物」から。
- □「セガンの3段階レッスン」を活用する。

chapter 3

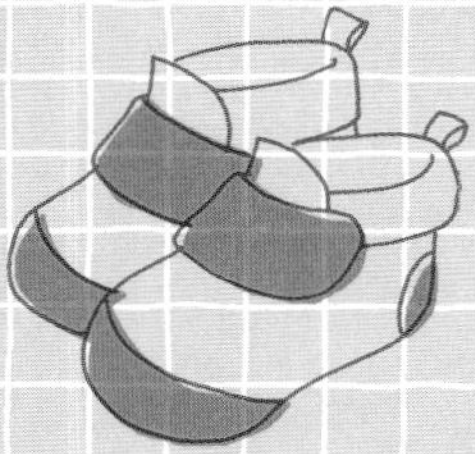

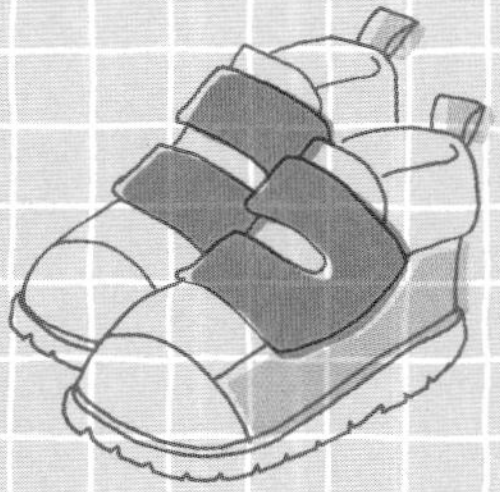

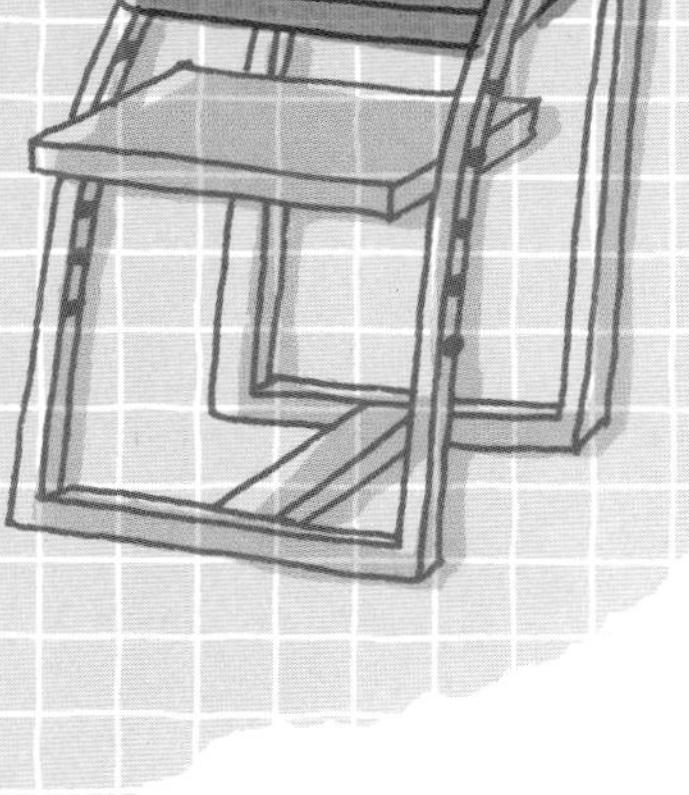

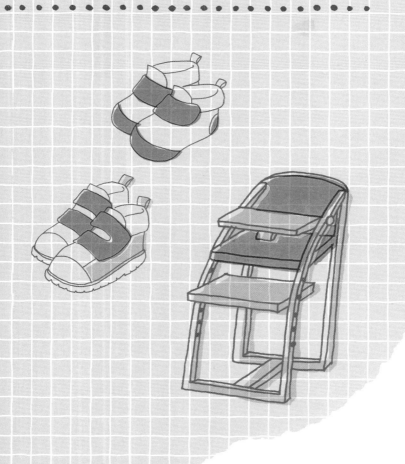

1～2歳の
子どもの育ち方

運動の敏感期

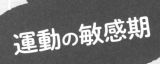

keyword 11

知ればあなたの子育てが180度変わります！

『運動の敏感期』

「運動」と聞くと、「体操教室ですか？」などと思われるかもしれませんが、ここでいう運動とは、物を握ったり、つまんだり、ひねったりといった「動作・動き」を指します。

生まれたばかりの赤ちゃんは、呼吸をして、オッパイを飲むことぐらいしか自分で運動することはできません。しかし、その後、小学校に上がる前までの6年の間に、立ち上がり、歩き、走り、自転車にも乗り、身のまわりの準備まで自分でできるようになるのです。素晴らしい成長ですよね！

そして、それらを可能にするのが「運動の敏感期」なのです。「敏感期」というのは、子どもが何かに強く興味を持ち、集中して、同じことを繰り返す限定された期間のことです。そして、どのような動きに興味を持つかは、月齢によって変化します。

まるで「神様からの宿題」をしているかのように、今は「つまむこと」、今は「ひねることに集中しなさい！」と、指令が出ているかのごとくです。そして、やりたい活動を自分でえらんで取りかかり、何回も繰り返すことで、自らの上達を感じる。一人でできた瞬間に「ドーパミン」という快感ホルモンが脳内に流れるのです。

自分でえらんで、集中してできるようになる体験を通して、「私ってできるじゃない！」という、有能感、自己肯定感が初めて芽生えるのです。

大切な親の役割は「邪魔をしないこと」

ここで、大人にとって大切なことは「邪魔をしない」ことです。子どもが自分で選ぼうとしている瞬間に「これやってごらん！」とか。子どもが自分でやろうとしている瞬間に「お母さんがやったほうが安全だから、早いから！」と言って代わりにやってしまうとか。せっかく集中して繰り返そうとしている瞬間に「お父さんも仲間に入～れて！」とか。

邪魔をするだけでなく、叱りつけて取り上げてしまったり！

これらの行為も、**運動の敏感期の存在を知らないために、彼らの行動が「イタズラに見えてしまう」**からなのです。

運動の敏感期あるある

- □ ティッシュペーパーを箱からズルズル引き出す。
- □ 机の上のものはすべて床に落とす。
- □ 机じゅうに水をたらし、びちゃびちゃにする。
- □ エレベーターのボタンを全部押してしまう。
- □ 箱やビンのフタを開けまくる。
- □ パソコンのキーボード、リモコンを触りたがる。
- □ ソファーの上でビョンビョン跳ねる。
- □ 穴という穴に、物を詰めまくる。
- □ 口紅を全部ひねり出し、塗りまくる。
- □ 塀の上を歩いて見せる。
- □ 高いところから飛び降りる。

などなど

そうそう、あるある！　ほとんどの親御さんが経験されていることではないでしょうか。考えるだけでも、叱りたくなってしまう「イタズラ」のオンパレードですね！

しかし、これらは本当に「イタズラ」なのでしょうか？

実は違います。それぞれの活動には深い意味があり、それを繰り返すことによって、その「動き」がドンドン自分のものになっていくのです。そのとき、**自分でできた喜びが、ドーパミンとして脳に流れこむ**のです。だから、彼らは作業にあれほど集中し、活き活きして見えるのです。まさに、「わが子の本当の力が成長している」瞬間なのです。

この運動の敏感期を知ってさえいれば、イタズラを見たときに頭ごなしに叱り、中断させることがなくなります。

「なるほど、今、息子は手をひねるということを練習しているんだな！　順調、順調、もう少しやらせておこうか」と思えるはずです。

叱って、取り上げ、禁止してしまう親＝普通の子育て
理解して、見守り、心ゆくまでさせてあげる親＝ワンランク上の子育て

まさに、子どもの成長は１８０度違ってきてしまうのです。

大人がしてしまいがちな行動　ワースト5

次にあげる行動は、私たち大人が「よかれと思って」やってしまいがちな行動です。私のサロンに相談に来られる親御さんにも普段の大人の行動を、ここから見直すようにお伝えしています。

❶大人がせきたてる

子どもはゆっくりと、自分のペースでやりかけているのに「早く、早く」とせかしてしまう。子どもには、急がなくてはいけない理由はありません。

❷大人が先まわりする

子どもがこれからやろうと動き出す前に、大人が先まわりしてやってしまう。

❸大人が中断する

子どもが集中して、繰り返し活動しているのに「もうそれはいいから、こっちの活動をしなさい」「時間だから次の活動に入ります」など大人の都合で中断してしまう。

❹大人が代行する

「それは危ないから」「それは大変だから」「それはあなたにはまだ無理だから」「お母さんがやったほうが早いから」などの理由で、親が代わりにやってしまう。

❺大人がほったらかす

「何でもしていいのよ」と言って、やり方も教えてもらえない。自由を保障した上で見守ることと、放任するのとではまったく次元が違います。わが子の本当の力を伸ばしたい！　そう思うのならば、大人の都合で指示をするのではなく、わが子自身の成長を信じてじっと見守る。思わず何か言いたくなってもグッとガマン！　その瞬間の積み重ねが、将来のわが子の大きな力となるのですから。

イタズラをし放題にさせなさい、という意味ではありません！

だまって見ていることが大事といっても、イタズラをし放題、やりたい放題させなさいと言っているわけではありません。もちろん、危険なこと、まわりに迷惑なこと、度がすぎることは止めなくてはいけません。叱る必要もあると思います。しかし、そのあとに、「心ゆくまで、思う存分させてあげられる方法はないか？」と再考してほしいのです。これがワンランク上の親への入り口なのです。

ランクアップチェック

- [ ] 子どものイタズラに見える行動には、理由がある。
- [ ] 運動の敏感期に子どもが取りがちな行動を知っておく。
- [ ] 代わりに、心ゆくまでさせてあげられる方法を考える。

keyword 12

1歳の最大テーマ！
『歩くために歩く』

1～2歳までの最大のテーマは次の3つです。

❶歩く
❷道具を力強く握り、使いこなす
❸言語をあやつる

これが、人間だけができる3つの能力です。人間は立ち上がることにより、手が自由になり、手を使うことにより脳が発達し、直立することにより咽頭《いんとう》が下がり、のどに空間ができることにより言語が話せるようになりました。直立歩行することがすべての始まりだったといっても過言ではないでしょう。

この、進化の過程を忠実に再現しながら成長していくのが1～2歳なのです。これからの一生をどう生きていくかが、この1年の過ごし方で決まってくるのです。

「人間は脳が発達したので、手が使えるようになった」と思っている方が多いようですが、それは逆です。**手を使うことで脳が発達した**のです。

「わが子の頭を良くしたい！」と、親であればだれもが思うことですが、その答えは、手指をたくさん使わせることにあったのです。

手指を使っている瞬間に、わが子の脳は一番活性化し、脳神経細胞の繋がりが飛躍的に発達します。そして、その手指が自由に使えるためには、しっかりした体幹で立ち上がる必要があるのです。そして、その体幹は歩くことによって育つのです。

もうおわかりですね？

わが子の頭を良くするためには、たくさん歩かせることが一番大切なのです。

小学校に入ってからのお勉強でも、いすに座ることが大切になりますが、ここでも体幹の強さが重要になってきます。

先日、小学校1年生の担任の先生が、「最近の子どもは、いすに長く座っていられない。また、正座もできないので、すぐに床にベチャっと寝そべってしまう」とおっしゃっていました。これらも、これまでの生活習慣から、体幹が育っていないことに起因しているのです。

子どもの体幹を鍛えるには、心ゆくまで「歩く」ことが一番です。そして、興味を持ったものを見たり、拾ったりするために「しゃがむ＝スクワット」を繰り返すことがもっとも有効なのです。

そして、その歩きを「気長に見守る」ためには、私ども大人が歩くのと子どもが歩くのでは意味が違うということを理解しておかなくてはなりません。

大人の「歩く」とはまったく意味が違います

私ども大人は、A地点からB地点まで、いかに低い労力で早く移動できるかを頭で考え「移動手段」を選択します。

自動車か？　電車か？　エレベーターか？　エスカレーターか？　いわゆる「効率」を優先します。

しかし、今、まさに運動の敏感期の最中にある子どもは、その中でも最重要課題である「歩く」ことに取り組んでいます。

神様から「今、あなたは歩くことだけを頑張りなさい」と言われているのです。そして、一歩、一歩、自分の力で歩み、自分の力で階段を登り、自分の力で床に落ちている物をつまみ上げることを繰り返しています。

「一人で歩けた、一人でしゃがむことができた！　一人で物をつまむことができた！」、その瞬間に脳にドーパミンが流れ、「自分は一人でできる」という自己肯定感が高まっているのです。

「自分一人で歩けていることが嬉しくてしようがない」「歩くために、歩いている」尊い瞬間なのです。

私どものように移動手段がないから「しようがなくて歩いている」のとは「格が違

う」のです。

ですから、可能な限り「彼らのペースで、心ゆくまで歩く」ことにつき合うことが、1～2歳までの子どもに、親ができる最大の援助なのです。

子どもには急がなくてはいけない理由がありません！

私たち大人は移動の手段として、効率を最優先に考えます。よって「急ぎなさい！」を連発して、子どもをせかすわけですが、そもそも、歩くこと自体を楽しみ、味わっている子どもにとっては**「急がなくてはいけない理由はない」**のです。

そして、親がしてしまう最悪の選択は、「ベビーカーに縛りつける」ということです。

早いから、楽だから、安全だから、という理由だけでベビーカーだけの生活をさせていると、体幹が育たず、手指を使えず、その結果脳の成長も遅くなります。

ベビーカーに乗っていれば、自分で何もしなくても移動できる。運ばれ、過ぎ去る景色をただ眺めているだけです。途中で自分の興味を引くものを見つけても、立ち止まることはできません。今は、ベビーカーにいろいろなおもちゃやスマートフォンを取りつけている方も見かけます。そうすると、目の前の与えられたおもちゃに「あやされて」1日を過ごすことになるのです。

いかに、自分で選択する自由がなく、脳に与えられる刺激が少ないかおわかりいただけると思います。

私のサロンにはこれまでに2000組以上のご家族が、お子さまの発達について相談に来られますが、その方々に多いのもこのケースです。

部屋に入って来られるまでの、親子間の関係を見ているとすぐわかります。車かベビーカーで建物の下まで来られて、そこからは抱っこで玄関まで来ます。靴もすべて脱がせてあげる。部屋に入ってからも、お子さんはずっと膝の上に抱っこされたままです。1日の生活をお聞きしても自分の足で歩く時間がとても少ないことが特徴です。

そして、歩かせない理由は、「あぶないですし、いつも時間がないので、もっとしっかり歩けるようになってから歩かせようと思います」。親の優しい気持ちが、逆にわが子の成長を阻んでいるのです。

　このような、何でもしてあげる親のスタンスは歩くことだけでなく、生活のすべてに影響してきます。

「安全だから・早いから・うまくできるから代わりにやってあげる！」よかれと思っている親心が、本当に望んでいるわが子の成長を阻んでいるのです！

　このスタンスを今、すぐに変えないと後から取り返しのつかないことになってしまいます。

歩かない時期がやってきてからでは遅い！

　自ら歩くことに喜びを感じる「運動の敏感期」は「○○期」なので、始まりがあって、終わりもあります。運動の敏感期が過ぎ去ってから歩かせようとしても、ドーパミンが分泌されず、もう喜びを感じられません。そうして、歩かない、すぐに「疲れた」を連発する子どもができ上がってしまうのです。

　それが、6歳をすぎる小学校に上がるころです。このころになると、私ども大人と同じように「効率を優先する」考え方が支配するようになるからです。

こうなってから歩かせようと思っても、もう歩くことに喜びを感じられなくなってしまうのです。

「歩く」を優先順位1位に持っていく

そうはいっても、毎日、皆さん日々の生活は忙しく、一生懸命過ごされているのはよくわかります。休みには車で旅行にも行きたいですし、子どもに体験させてあげたいこともたくさんあると思います。

しかし、この年代では、自分の足で歩くことがわが子の優先順位1位なのです。楽しいレジャーランドをベビーカーに乗ったまま見てまわるよりも、近所の公園に自分の足で歩いて行き、階段をのぼったりおりたり、砂場で心ゆくまで遊ぶことが、何よりも大切なのです。

そして、今、わが子が一番楽しいのもその瞬間なのです。ベビーカーのほうが早いから、安全だからといって、歩く習慣を疎かにしてしまうと、子どもの成長すべてに影響を与えることになります。

1～3歳の間は特にたくさん、自由に、ゆっくり歩かせる習慣を家庭の中心にもりこみましょう。

ランクアップチェック

- □ 歩く↓体幹が強くなる↓手が自由に使える↓脳が活性化する！
- □ 子どもは歩くために歩いている。
- □ 運動の敏感期がすぎてからでは遅い。

keyword 13

ブランド・デザイン……その前に知っておきたい！

『靴えらび』

1歳をすぎるまでは「素足」が一番です。なぜならば、立ち上がって、体を支えることで、徐々に「土踏まず」ができ上がっていく過程にあるからです。

そして、1歳をすぎるころから、素足では危ないところでは、足を保護する意味で靴を選択するようになります。

衣服と同様に靴は運動の敏感期にある子どもにとって、大切な環境といえます。ブランドやデザイン、カラーなどよりも、成長、機能、安全性を重視してえらびましょう。

●靴の選び方

つかまり立ちから歩き始めのころ

・軽くて柔らかい素材で、通気性が良いもの

- つま先に0・5センチくらいの余裕があること
- 面ファスナーなどで、履き口が大きく開き、足が入れやすいもの
- まだ自分では履けないので、履かせやすいもの
- 少し深く、足首を支えるようなもの
- つまずかないように、つま先が若干反りあがっているもの

歩行が安定してきたころ

- 面ファスナーなどで履き口が大きく開くもの
- 屈曲《くっきょく》性があり、歩行がしやすいもの
- 自分で履きやすいもの
- 汚しても、すぐに洗えるもの
- 靴のかかとと足のかかとをしっかり合わせてベルトでしめることができるもの。歩行が安定します。

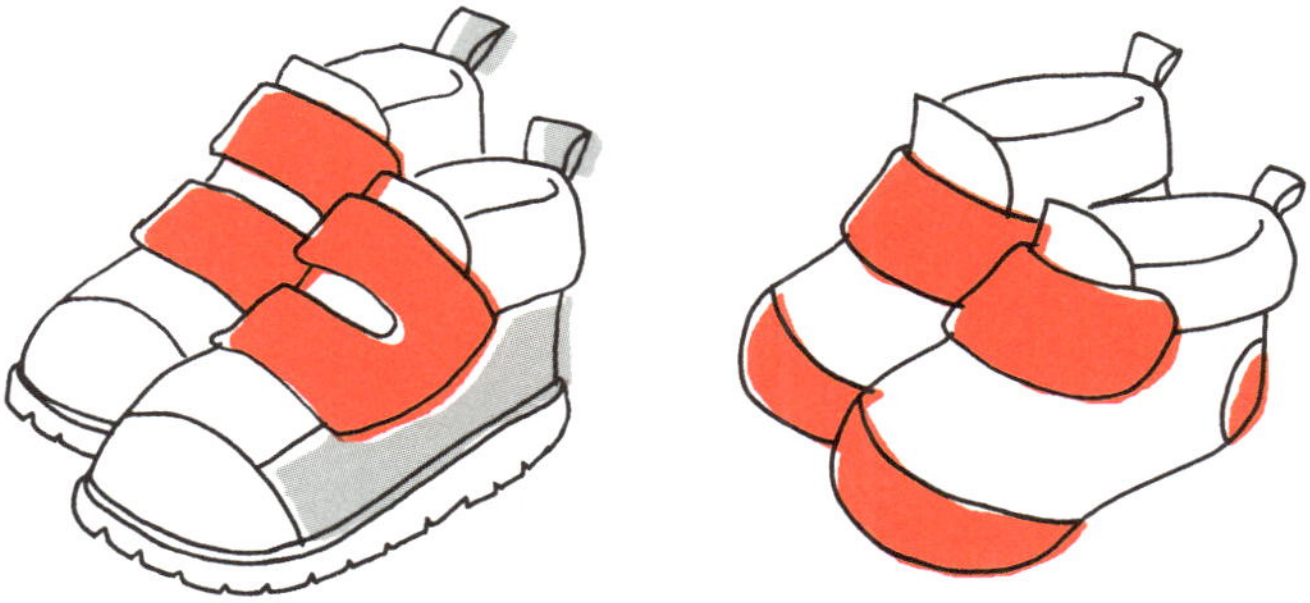

自分で履くためのお手伝い

子どもが靴や、上履きを自分で履こうと悪戦苦闘している姿を見るとついつい手を出したくなりますが、できる限り手を出さずに見守ることが大切です。しかし、一人でできるためのお手伝いはしてあげましょう。まずは、隣に座って、親が靴を履く姿をゆっくり見せてあげましょう。私ども大人は、もう慣れてしまっているので、靴を見なくても瞬時に履けます。

しかし、子どもにとっては、なぜ靴を履かなくてはいけないのかもわからないのです。素足のほうが心地良く、歩きやすいからです。

ぜひ、隣に座り、スローモーションで、楽しそうに履いて見せてあげてください。その姿を見て、靴を履くということを少しずつ理解していきます。

子どもが靴を履く上で、苦労する点は次の3つに絞られます

❶足が入りにくい

靴選びのポイントです。履き口が大きく開き、面ファスナーなどでしっかりとめられる靴を選んであげましょう。

❷かかとが入らない

靴のかかとを入れること、子どもにとってはこれが思いのほか難しいものです。かかと部分に持ち手が輪になってついているタイプで、その穴に、さらにヒモやリングを通して輪にしておきます。このヒモやリングに指を通して引っ張りながらかかとを入れるとうまくいきます。

❸左右が逆

子どもは左右逆で靴を履いていることがよくあります。大人から見ると「気持ち悪くないのかしら?」と思いますが、そもそも、まだ気持ち悪いという感じもわからないのです。まず、きちんと靴をそろえた姿を見せてあげることです。その際、靴にロゴマークなどがあれば、それを目印にしてしっかり合わせるなど、ピッタリ合わせる練習をします。もし、なければマジックペンで小さな印をつけましょう。お洒落よりも「一人でできる」を優先してあげましょう。

低い踏み台を用意してあげましょう

靴を履くときに座る高さに注意してあげましょう。ご自宅の玄関はどうなっていますか？　日本の古いお家の玄関の上がりは大人の靴の履きやすさに合わせているので高すぎることが多く、逆に最近のバリアフリーのマンションは座るところがないタイプもあります。そのようなお宅は高さ15～20センチくらいの低めの踏み台などを用意して、最初は玄関ではなく、室内でゆっくり練習すると良いでしょう。

一人で履くまで根気良く！

子どもが靴を履くことは、案外難しいものです。根気良く見守る姿勢が大切です。最初は自分でやりたいからと親の手を振り払っていた子どもも、何回も履かせてもらう習慣が定着すると、自分でやる意欲を失ってしまいます。「足を投げ出して、やってもらってあたりまえ！」こうなってしまってからでは、方向修正は相当大変です。

靴下は履かせたほうがいいの？

足のことだけを考えると、本当は靴下は履かず素足のほうがいいのです。しかし、足と靴の摩擦が大きく、肌の負担になります。また、汗もたくさんかきますので、よほどいやがらない限りは靴下を履いて、靴を履くことを習慣化していきましょう。

ランクアップチェック

- □ 1歳をすぎるまでは裸足で歩くことで、土踏まずができる。
- □ 歩き始めのころは「履かせやすさ」を重視。
- □ 歩行が安定してきたら、「自分で履きやすさ」を重視。
- □ 自分で履くときにどこで困っているか見てあげる。できないところは親がやって見せる。一人で履くまで、根気良く見守ることが大切。

keyword 14

わが子のために手軽で素敵な教具を『手作り教具』

0〜3歳の教具は手作りが可能です！

運動の敏感期にある子どもは、「落としたい」「入れたい」「ひねりたい」のように手指を使いたいという強い衝動に駆られています。

そして、身のまわりにあるものから対象物を探します。そして、机の上にある物を落としてみたり、穴という穴に様々な物をネジ入れてみたり、触ってはいけないお母さんの化粧品のビンのフタを開けてみたりするわけです。これが、イタズラの正体だったのです。

43ページでお話ししたように、この行動を単なるイタズラと判断して、「叱りつけて、取り上げておしまい！」、これでは子どもは自分の力を伸ばすことはできません。

しかし、運動の敏感期の存在を知った皆さまは、わが子は今、どんな動きをしたがっているのか、観察する目を持ったのです。

「なるほど、手をねじってみたかったのか」とわかったら、「じゃあ空きビンをたくさん集めておいて、心ゆくまでねじらせてあげよう」。

これが、ワンランク上の子育てです。そして、**子どもの成長を援助するために用意された物**を、モンテッソーリ教育では**「教具」**と呼んでいます。

教具は、子どもの成長の過程に合わせて、子どもの動き、興味を絞りこみ、目的を一つに絞っていることが特徴です。「落とす」なら落とすだけ！「入れる」なら入れるだけ！

次項から紹介する手作りの教具は、0～3歳の教具の中でも、扱いが初歩的で、ご家庭の不要品や、100円ショップで購入したもので、工夫をすれば手作りできるものばかりです。

わざわざ購入しなくても、ご自宅にあるもので簡単に作ることができます。ぜひ、チャレンジしてみてください。

その前に「モンテッソーリ教具の条件」について少しお話ししておきます。

手作りの前に「モンテッソーリ教具の条件」をお伝えしておきましょう

❶子どもが扱えるサイズであること
❷美しく魅力的で、興味を引くこと
❸単純で、ひと目で目的が良くわかること
❹難しいポイントが一つだけに絞られている
❺次の成長のステップにつながっている
❻子ども自身が自分で間違ったことに気づけるようになっている

誤りの自己訂正とは？

最後の❻はちょっとわかりにくいかもしれませんね。

初めての教具での「お仕事」はたいていうまくいかないものです。そんなときに、横から「ほら、そんなやり方したから失敗したじゃない」、「お母さんが代わりにやってあげる。ほら、できた」となると、子どもはどんな気持ちになるでしょう？

いくら子どもでも頭ごなしに、誤りを指摘されればプライドが傷つきます。代わりに全部やってもらって自信になるでしょうか？

これは、「やっぱり、私はお母さんがいないと駄目なんだ」という劣等感をすりこんでいるようなものなのです。

モンテッソーリの教具は、誤った方法で使うと、結果が出ないように作られています。そして、その誤りに「自分で気づける」ようになっているのです。親や教師に指摘されなくても、自分で誤りに気づけるので、自分でもう一度やり直すことができるのです。これをモンテッソーリ教育では**「誤りの自己訂正」**といいます。

何回も自分でやり直しているうちに、だんだん上手になり、最終的には成功にたどり着けるのです。

自分でチャレンジして、自分で誤りに気づき、自分で何度もやり直して、自分で成功にたどり着く。だからこそ「自分はできる」という自己肯定感が生まれるのです。

これこそが、私たちが目指すワンランク上の成長サイクルなのです。

このように、わが子の自己肯定感の源となる教具を、ぜひ作ってみてください。

自分が作った教具で、狙いどおりに、わが子が集中してお仕事をしている姿を見るのは、とても素敵な体験ですよ。

ランクアップチェック

- □ 0～3歳の教具には手作り可能なものが多い。
- □ 教具の条件を理解する。
- □ わが子の自己肯定感の源を、ぜひ、手作りで。

keyword 15

息を飲むような瞬間が、集中力を育てる！

『落とす・入れる・通す』

この年代の子どものイタズラに、何でも落とす、何でも入れる、というものがあります。

サロンでも「あれぇ、お仕事の道具が見当たらないなぁ？」と、探していると、箱やビンの中にぎゅうぎゅうに詰めこまれていることがよくあります。

これは、自分の手指が自由に動くようになり、身のまわりにある物をつまみ、ねじこむことで、その動きを洗練していきたいという、強烈な衝動に駆られているからなのです。狙いを定めて、入れていくことで、正確性が増し、集中力が養われるのです。

私事ですが、私の実家は木造建築で、立てつけが悪かったのか、階段に細い隙間がありました。それが、貯金箱の入り口に見えたのか、幼いころの私は小銭を見つけると、そこにお金を落とすのが癖でした。入れるとコトンコトンと音がするのが嬉しくてたまらなかったのを今でも覚えています。

しかし、母親からは、「お金をなんてことするの！」と見つかるたびに叱られていました。すると、後ろから父親が「いいじゃないか、楽しいんだろ！　家に貯金しているようなものだ」と言って、1円玉を心ゆくまで入れさせてくれたのです。

父親はもちろんモンテッソーリ教育など知りもしませんでしたが、子どもの成長の本質を見抜いていたのかなぁなどと思い出します。

私のような、「落としたい」衝動に駆られている子どもには、左の写真のチップ落としなどの教具がぴったりです。

❶落とす・チップ落とし

100円ショップで購入した貯金箱にチップを落とす。コトンといい音がする。全部落とし終えた後、下のフタを開ければまた出てくるので、何回も繰り返せる。初めてサロンに来た子どもには、最初にすすめてみる、人気のお仕事。

みんなが集中する人気のお仕事

❷押し入れる

綿棒などの空筒のフタに穴を開けて、毛糸のボンボンを押し入れる。穴の大きさを微妙に調節して、ムニュっと入る感覚が人気。ただし、誤飲には注意する。

❸通す

キッチンペーパー立てに、髪ゴムを通す。ストンと落ちずに下までズリ下げる具合が気持ち良く感じられる。

綿棒などのケースに穴を開けてボールを押し入れる。ムニュっという感触が人気のお仕事

キッチンペーパー刺しと、髪ゴムを組み合わせると、一番簡単な「通す」お仕事に

❹太いものを刺す

100円ショップで購入した、フタに小さな穴が開いたビンに、カラフルなストローを刺して落とす。目と手が一緒に動いて、狙いどおりのところに入れることが目的。

❺細いものを刺す・ようじ刺し

ストロー刺しが上手にできるようになったら、さらに細い「つまようじ刺し」に移行する。集中力が養われる、人気のお仕事。

全部入れたらフタを自分で開けて、ようじを出して、の繰り返し。

ストロー落とし。目と手が一緒に動くことが大切

ストローが刺せるようになったら、さらに細いようじ刺し

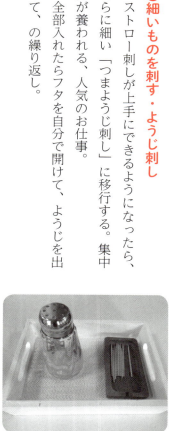

❻通す・ヒモ通し

玉すだれの玉に、太いヒモを通す。穴からヒモが出てくるのが面白く、人気のお仕事。最初は大きな穴に、太くて固いヒモが良い。慣れてきたら、ビーズなど小さいものに、細い糸を通す活動に移行する。

❼通す・フックかけ

これ、何だかわかりますか？　100円ショップで購入した「バナナかけ」です。ここに、ホームセンターで購入した「S字フック」を引っかけていくお仕事です。ユラユラ揺れるので、意外と難しく、集中力を培うこれも人気のお仕事です。

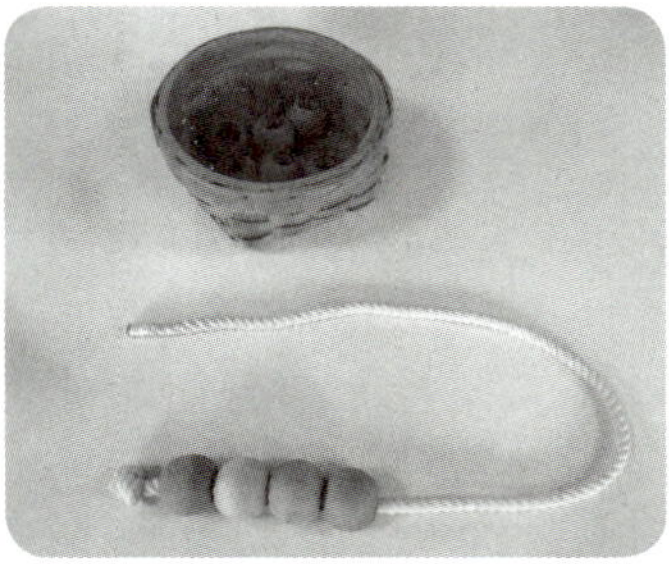

ひも通し。最初は太くて固いヒモが通しやすい

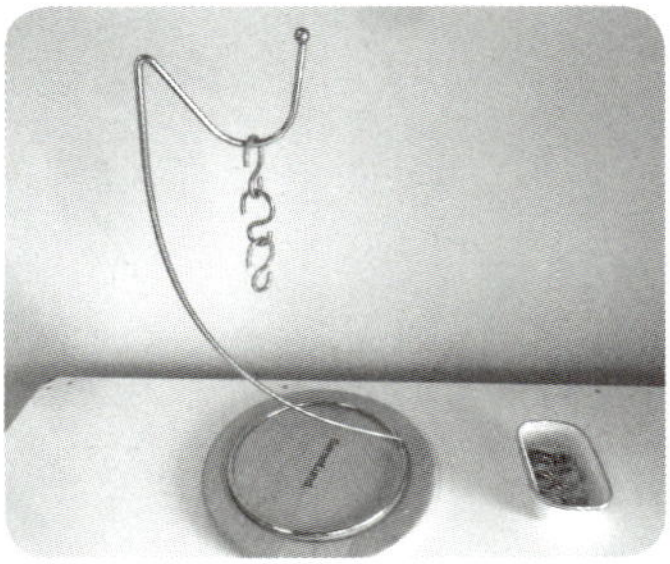

バナナかけにフックをかけるお仕事。揺れるので集中力が必要

keyword
16

良い頭は3本指の活動から！
『つまむ・はさむ』

人間の手は、骨が複雑に分裂する進化の末に、手をつぼめてものを「つまむ」ことが可能になりました。そのおかげで、道具を繊細な動きで使うことが可能になり、筆などで絵や文章を残すことが可能になりました。つまり、私どもの現在の文化は3本指で「つまむ」ことが始まりだったのです。そして、手指を器用に使っているときに、人間の脳はもっとも活性化していることもわかってきました。

マリア・モンテッソーリは、親指、人差し指、中指の3本指を**「突出した脳」**と称し、その重要性を100年以上前に指摘しています。

「つまむ・はさむ」活動を、次にあげるような教具を用いるなど、様々な環境で心ゆくまでさせてあげましょう。

❶つまむパズル

つまむ取手がついているパズル。3本指でつまむ練習になる。最初は、写真のような、外したときに、同じ柄が描かれている簡単なパズルから始めます。

❷シール貼り

子どもはシールが大好きです。もちろん、紙に貼れることも嬉しいのですが、つまんではがすことも喜びのポイントです。そして、狙ったところにピタリと貼れたときに、自己肯定感が高まります。

手書きでも良いので、いろいろな種類の台紙を作り、コピーしておきましょう。カラーシールは1枚ずつ切りはなしておきます。そして、シート

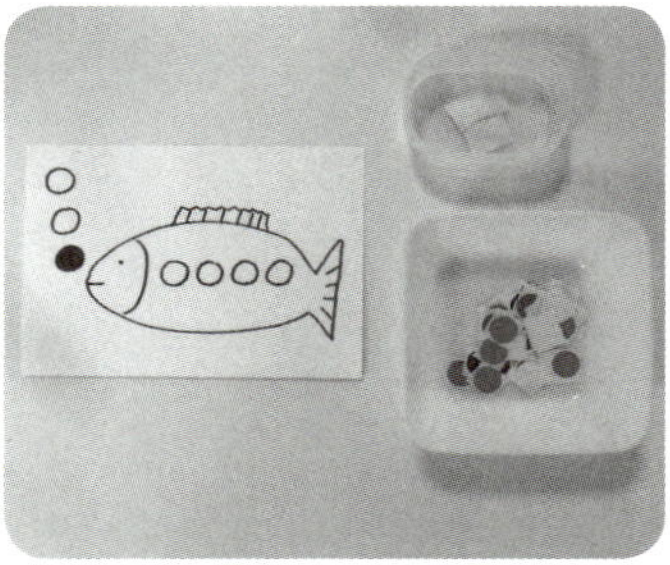

シール貼りは、つまんではがして貼るという、指先を使う大事なお仕事

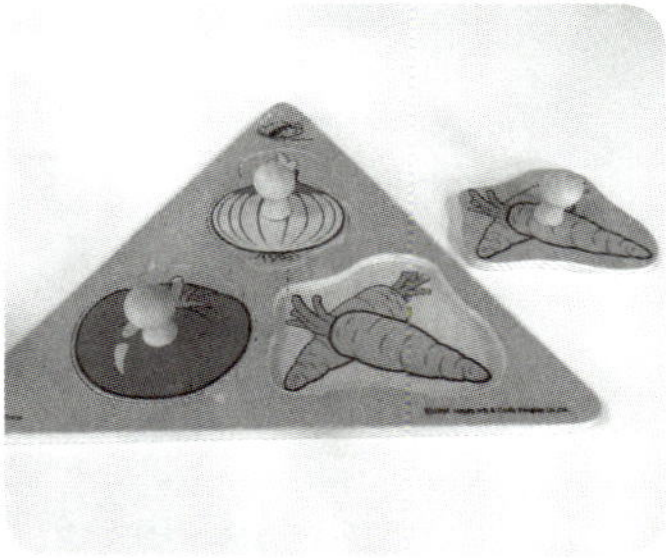

最初のパズルは、3本指でつまめるものを

をはがした後のゴミを入れる受け皿を忘れずにセットしておきます。

大きなシールが上手に貼れるようになったら、シールのサイズを小さくしていきます。最終的には、1枚の絵の中で、様々な大きさのシールを使いわける台紙を用意します。

❸洗濯ばさみ

洗濯ばさみは、つまむ力を養う最適な教具です。大きめのブックエンドなど、安定したものにはさむとうまくいきます。小さな力でも開くようなやわらかい洗濯ばさみをえらぶことが大切。これができるようになったら、「洗濯物のお手伝い」に誘いましょう。

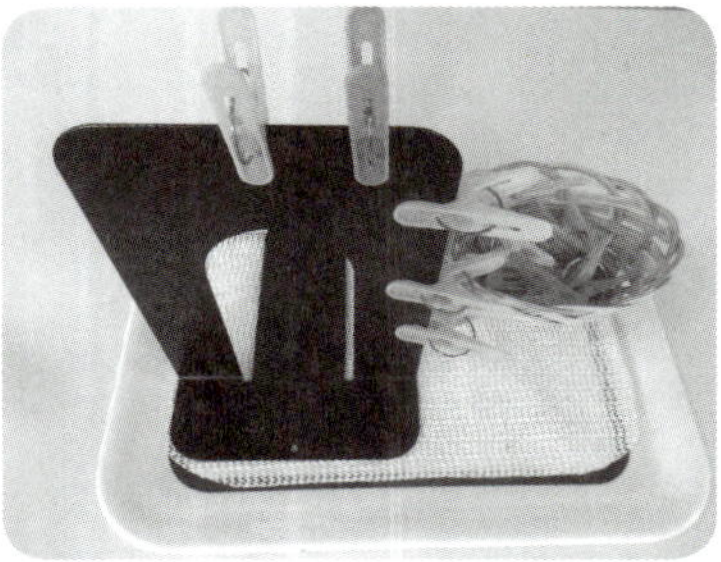

洗濯ばさみは3本指の力をつける最高の教具

❹はさむ・トング

トングで、毛糸のボンボンをはさみ、移します。最初はトングを上からつかんではさみますが、慣れてくるとペングリップ（214ページ参照）ではさむようになります。そうした、手指の成長が脳の発達にもつながります。

❺はさむ・ピンセット

トングが上手に使えるようになり、もち手がペングリップに移行したら、ピンセットで小さい物をつまむお仕事を提供します。これは、ピンセットで黒豆をつまみ、石鹸受けの上に並べていきます。難易度がかなり高く、集中力が養われます。子どもが集中し出したら、そっと離れて、邪魔をしない！　それが、一番大切です。

トングではさんで移すことで集中力がつきます

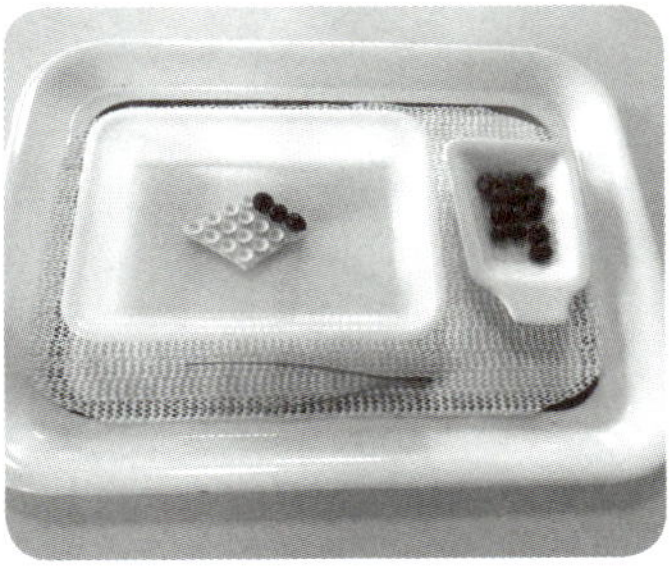

トングができたら、ピンセットにランクアップ。この先はお箸に移行します

keyword 17

コマをまわせない子どもが激増の理由は？『ひねる・ねじる・開ける』

ありとあらゆる扉を開けて、中のものを引きずり出す。調味料や、薬のビンのフタを開けまくる。絶対触ってはいけないお父さんのオーディオをいじる、パソコンのキーボードを押したがる。

これらも、この年代の子どもの「イタズラ」の定番ですね！　手首を自分の意志のとおりにひねってみたい！　ねじってみたい！　という、強い衝動に駆られているのです。

実は、現代社会は、この「ひねる」の動きが激減しているのです。先日もサロンに来た子どもが、手を洗おうとして水道の蛇口の下に手をかざして、「出ない、出ない！」と叫んでいました。きっと彼の自宅の水道はセンサー式なんでしょうね！　水道の蛇口は見たこともなければ、ひねったこともありません。

そのほか、雑巾を絞れない、コマをまわせない子どもが激増しているのです。「ひねる」という動きは、これからの人生を生き抜いていく上で、とても必要な動きです。手作りの教具をそろえて、心ゆくまでひねらせてあげましょう。

❶ねじる・空きビンの集まり

ビンのフタを開けまくるイタズラをする子どもは手をひねってみたくてしょうがない「運動の敏感期」です。写真のように不要な空きビンを集めておいて、心ゆくまでひねらせてあげてください。

はじめは、「開けるだけ」でも良いでしょう。なぜならば、開けると閉めるで、逆にまわすことが最初は理解できないからです。

また、思わず開けたくなるような、素敵な箱もそろえておきましょう。

ビン、缶、箱……様々な容器が教具に変わります

❷ジャンク（廃品）の道具
——オーディオ、キーボード、携帯、リモコン

パソコンやオーディオ、リモコンなど、様々なボタンのついている機器は、手を使ってみたい子どもにとって魅力的なものです。押したり、ひねったりととても楽しそうに遊びます。

さわられて叱る代わりに、いらなくなったジャンク品を用意し、心ゆくまでさわらせてあげましょう。

不要になったキーボード。これなら叱らなくてすみます

ひねる、ねじる、押す、様々なスイッチが魅力的です

❸ねじる・コマまわし

コマも「ねじる」ための最適な教具です。様々なサイズや形のコマをそろえておきましょう。

コマを上手にまわせることは、3本指が使えるようになってきたサインです。鉛筆、お箸なども使えるようになってきます。

❹ねじる・ネジまわし

ネジをまわすのも大好きで、いつまでもやっていたい～！　と、続ける子どもが続出の教具です。最初は写真のような木製のものも良いでしょう。

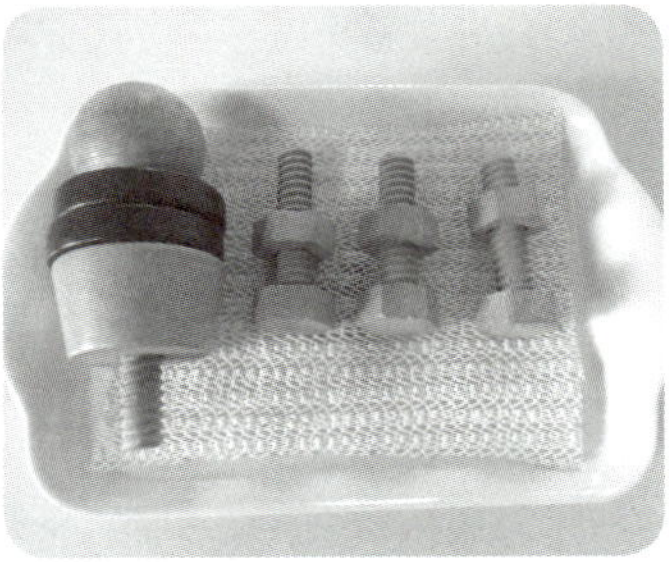

ネジをまわす！　これは木製のもの

コマをまわせない子どもが増えています

⑤ねじる・スリコギ

小さなすり鉢とスリコギで、ふりかけを作ります。ゴマ、塩、のりなどを好きに配合します。

できたふりかけは、お弁当のときにみんなでかけていただきます。最初はすり鉢を持って支えてあげる必要があります。

⑥あけうつし（豆）

プラスチックの計量カップに、黒豆を入れて「あけうつし」をします。このお仕事も、上手に手首をひねることができないとできません。上手にあけうつせるようになったら、お米などの細かい物に、そして、最終的にはお茶などの液体を注ぐお仕事に移行していきます。

あけうつしのお仕事。手首をひねる練習になります

スリコギを上手にまわすのは意外に難しい動きです

keyword 18

整理整頓の隠れた主役！

『1歳からの棚・トレイ』

手作りの教具ができ上がったら、ぜひ、棚に配置してください。

モンテッソーリ教育に基づいた環境作りにおいて、「棚」はとても重要な存在です。

「自分で選んで、自分で運んで、心ゆくまで活動したら自分で戻す」で、ワンサイクルですので、**見やすく、取り出しやすく、お片づけがしやすい棚**が不可欠なのです。

そして、子どもの成長に合わせて「棚」も、並べてある教具も変化させます。

❶0〜1歳（2段・一番下がホットコーナー）

92ページでご紹介したとおり、つかまり立ちをするまでは2段の棚を用意します。

❷1〜2歳（4段・立ち上がることで目線が上がる）

1歳をすぎるころには、4段程度の専用の棚がほしいものです。ただし、注意したい点は、安定性です。棚につかまって立ち上がろうとするので、重心をかけて棚が倒れてきたら大変です。耐震のことも含めてしっかり固定しましょう。

立ち上がると一気に目線が上になり、何でも手にしてさわってみたい衝動にかられますので、あらかじめ危険なもの、さわられて困る物は他の場所に移動しておきましょう。

巻頭の年齢別チェックリストで彼らの成長をあらかじめ予習しておき、**叱らなくてすむ環境を作っておくことが、親子の良い関係を築きます**。

目線にあたる、2、3段目の棚がホットコーナーになります。ですから、その段には成長過程にマッチした、ぜひさわってほしい教具を、数少なく限定して並べておきます。

次ページの棚は一段の横幅が仕切りなしで70センチ程度あります。トレイに置いた教具がちょうど2セット置けて、子どもが自分で出し入れしやすいサイズです。

また、1~2歳はまだまだ秩序にこだわる年齢です。後ろの壁に教具の写真を貼っておくことで、元に合った場所に戻せ、それが喜びにつながります。

私のサロンに初めてお子さまを連れてきて、活動している姿を見て「うちの子がお片づけしているわ〜！」と驚く親御さんが多いものです。

しかし、**自分で戻せる環境さえ整っていれば、この年齢の子どもはしっかり片づけをするもの**です。

ご自宅が「自分で出して、自分で片づけられる環境にあるか？」を再確認してみましょう。

自立を促す「トレイ」

モンテッソーリ教育において、棚と同じくらい重要な役割をするのが「トレイ」です。

自分で選択した教具を、お仕事をする机の上まで運んでこなくてはいけないからです。子どもにも扱えるサイズと軽さ。そして、木製で持ち手が握りやすいものを選びます。教具が滑らないように、滑り止めのゴムシートを適切なサイズに切って敷いておくと良いでしょう。

歩くことができるようになった子どもは、今度は手に物を持って歩くことに興味を持つようになります。そのような時期に、トレイに物を乗せて歩くこと自体が魅力的なお仕事となるのです。

トレイがあれば、一人で片づけられます

まずは、大人が同じ場所に片づけること！

お片づけができる子どもに育てるために一番大切なことは、大人がいつも同じところに片づけることです。ドキッ！　とされた親御さんもいらっしゃるでしょうか。「秩序の敏感期」にあるわが子が、せっかく秩序を築きつつあるのに、大人が「上の棚でも、下の棚でも同じだから！」、これでは台なしです。

おもちゃの断捨離

毎月とはいわないまでも、**季節に一度は子どもの成長に合わせて、環境の微調整をすることがポイント**です。おもちゃが山のように積んであっては、自分でえらぶことができないからです。成長に合わせて、もう習得してしまった簡単な動きの教具やおもちゃを入れ替えていきます。代わりに、次にやって来る成長のステップの教具を並べておけば、子どもは自ら次の成長ステップへと進みます。

keyword 19

モンテッソーリ教育のルーツ!
『机・いす』

1歳6カ月をすぎるころまでには、適正な高さの机といすを準備してあげましょう。「もうお勉強ですか?」と勘違いされるかもしれませんが、モンテッソーリ教育では「お仕事」をするために机といすが絶対に必要なのです。

100年以上前の世界では子どもは何もできないで生まれてくるのだから、大人の言うことを聞いていれば良いのだ! という考えがあたりまえでした。ですから、子どもサイズの家具などというものは、当然存在しません。

しかしモンテッソーリは、「子どもは何でも自分でする意思も能力もある。もしできないとすれば、やり方がわからないか、物理的にできる環境がないだけである」という主張をしました。

そして、それを実証するために「子どもの家」を作ったのです。机もいすも棚も、トイレも、洗面台もすべて子どもサイズに作り替えました。

すると、どうでしょう！　子どもたちが、自発的に活動し始めたのです。当時の人々は大変驚き、「新しい子どもの誕生」と称され、海外からたくさんの研究者が見学に来たそうです。すべては子どもサイズの机といすから始まったのです。

子どもは環境がそろえば自発的に活動し始めます。よって、皆さまのご自宅の環境を整えてあげるだけで、子どもは本当の力を発揮し始めます。

その、最重要アイテムが前項で紹介した「棚」と「机・いす」なのです。私のサロンでも親御さんが一番驚くのは、子どもたちが、自分でお仕事を棚から選び、トレイごと自分の机まで運び、いすに座って黙々とお仕事を始めることです。「うちの子がいすに座っている！」と驚く親御さんもたくさんいます。

子どもは強制的に座らせても座るものではありません。自分のやりたいお仕事をするには、どうやら座ってやったほうが良いらしい！　と気づけば自ずと座り出すのです。要は環境の整備が重要なのです。

どのような机といすを用意すれば良いのでしょうか？

0～3歳の机の高さは 40～45センチ、いすの高さは 20～25センチ程度です。

いすの高さは、座って足が床に着いていることが重要です。

足が宙でブラブラしていると、机に肘《ひじ》をつくことでしかバランスが取れないので、背骨が前傾してしまうからです。この場合、いすの足を切らなくても、足元にマットを敷くことで、足が床についたのと同じ効果があります。

机の高さ40～45センチ、いすの高さ20～25センチ。
足が床につく高さに注意！

汚れが目立つ色をえらぶのがポイント！

色はホワイトなどの淡い色の単色、もしくは木目がベストです。「汚れちゃうじゃないですか！」という声が聞こえてきそうですが、汚れが目立つことが大切なのです。クレヨンではみ出て書いてしまえばすぐわかる。水をこぼせばすぐわかる。誤った使い方をしたときに、大人から指摘されなくても、自分で気づけることが大切なのです。派手な模様や、キャラクターは気が散るので避けましょう。

壁に向けて設置するのがおすすめ！

机は壁に向けるのがおすすめです！　自分のお仕事に集中するのが目的なので、目の前に親の顔があったら集中できませんよね（笑）。

幼稚園や保育園に通うようになると、お友達とたくさん遊ぶ半面、一人で静かに何かに取り組む機会が少なくなります。自宅にいるときくらい、一人で集中できる環境を準備してあげましょう。自分の意志で、自分の机に向かう。これが、自立の第一歩なのです。

食事をするときの机といす

食事のときの机といすも、子どもの成長によって変化していきます。

❶離乳食のとき

授乳から離乳食に移行すると、母親と密着していた形から、母親から離れて食事をとるという大きな変化が生まれます。しかし、一人では食べられませんので、テーブルといすがついている専用のものがおすすめです。いすと机がセパレートのものだと、足で机を蹴って後ろにひっくり返る危険があるからです。専用のいすに座らせたら、ずり落ちないよう、股のベルトも忘れずしめるようにしましょう。

❷自分で口に運べるようになったら

できる限り、家族と食卓を囲むようにします。まわりの大人が、箸やスプーンを使って食べ物を口に運ぶことを見ることや、様々な談話をしていることを聞くことが、刺激になるからです。

子どもを一人で先に食べさせてしまうのも極力避けましょう。赤ちゃんであっても、家族の一員であるという気持ちを大切にしたいものです。

イラストのようないすがあれば、長い期間使えますね。この場合でも足がブラブラしないように、下の板に足がついているように調節することが大切です。

keyword 20

モンテッソーリ教師の奥義《おうぎ》!
『提供』と『3つのM』

お部屋の環境も整備し、手作りの教具も作りました。しかし、これだけでは子どもたちは準備された環境とどうやって関われば良いかがわかりません。子どもと環境を結びつけるのが私たち親の役割です。

この作業を、モンテッソーリ教育の世界では**「提供」**もしくは**「提示」**といいます。簡単に言えば、用具や教具の使い方をやって見せることです。せっかく目的を持って教具を手作りしても、正しい使い方が伝わらなければ「デタラメ」になってしまします。自由とデタラメはまったくの別物です。せっかくの「教具」が力を発揮するよう、子どもと教具との、一番最初の出会いを大切にしてあげましょう

ポイントは**「一人でできるように、やって見せる」**ことです。「言葉であれこれ教えこむ」のとは大きく違いますので注意してください。

❶子どもを誘う

「○○ちゃん、ママと一緒に、このお仕事してみない？」

子どもは一人の人格です。やる意思があるかどうか聞いてみましょう。「イヤ！やらない」ということもあります。そのときは深追いせずに「じゃあ、また今度しましょうね」と言って終えます。そのときは、気分で断ったけれど、次の日にやりたくなって、「やりたい！」と言い出すことはよくあります。

❷お仕事の名前を伝える

「これはね、ようじ刺しってお仕事なの。いつも棚のここにあるからね」

教具のある場所で、最初にはっきりとお仕事の名前を伝える。場所を印象づけることで、お片づけが容易になります。さらに、棚に写真が貼ってあると、ピッタリ同じところに片づけられるという喜びも生まれます。

❸活動をする場所まで運ぶ

「ようじ刺しは、机の上でするお仕事なのよ。机まで運びましょう」

「こうやって、トレイを両方の手でしっかり持ちます」

活動する場所をはっきり伝えることで、次回、親の力を借りずに自分で活動を開始することができます。そのまま、棚の上や、床で始めることのないように注意します。

トレイでの運び方も見せることで、子どもが失敗する確率が低くなります。

❹子どもの利き手側に座る。最悪は対面！

これは、とても大切なポイントです。利き手側に座って作業を見せないと、細かい作業をするときに、大人の手の甲がブラインドになって見えないからです。

一番、最悪なポジションは机を挟んで対面でして見せることです。子どもは立場をなり替わって理解することが、まだできないからです。

私たち大人はついついやってしまいがちです！　注意しましょう。

モンテッソーリ教育『提供』の４つのポイント！

1 子どもを誘う

「ゆうちゃん、ママ（パパ）と一緒に、
このお仕事してみない？」

- 「イヤ！」「やりたくない！」と言ったら、無理にはさせないこと。

2 お仕事の名前を伝える

「これはね、ヒモ通しってお仕事なの。
いつもこの棚にあるからね」

- お仕事の内容を伝えるとともに、場所を伝えることで片づけることも楽しくやるようになります。

3 活動する場所まで運ぶ

「ヒモ通しは机の上でするお仕事なのよ。
あの机まで運びましょう」

- どこでやるべきお仕事なのか、はっきり伝えることがポイントです。

4 子どもの利き手側に座る

- 作業を見せる際、利き手側でないと作業をしている手が子どもには見えません。

子どもが伸びる教え方『3つのM』

その1 「見ていてね」のM

子どもは真似をする天才です。最高の教え方は、「おかあさんがやるから見ていてね」と言ってやって見せることです。このときの最大の注意点は「ゆっくりやる」、「スローモーションで見せる」ということです。**子どもは大人の8倍スローといわれます。**そのため、大人がいつものスピードでやって見せても、子どもは目がついていかないのです。

そして、見せるときは見せることだけに徹するようにしましょう。子どもはまだ、2つの機能を同時に動かすことができないのです。教えるときは**「スローに徹し」**、**「手を動かしているときはしゃべらない」「しゃべっているときは、手を動かさない」**。これ、大切です！

その2 「待っていてね」のM

やっているところを見せていると、途中で子どもは、早くやらせろ！　とばかりに手を出してきます。そのときに「待っていてね」と言って待たせて最後まで見せることが大切です。待っている間に子どもの心の中は、やりたい気持ちでいっぱいになります（待たせることがとても大切で、難しいところです）。

その３「もう一度やるから見ていてね」のM

初めてのお仕事はうまくいかないことが多いものです。ここで一番いけないのは口での注意です。「あ～ダメダメ、そこは、こうして、ああして」といった具合に全否定されると子どものプライドは傷ついてしまい、「やっぱり私は一人ではできないんだ」という思いをすりこんでしまいます。

では、どうすれば良いのでしょうか？

正解は「もう一度やるから見ていてね」と言って、最初と同じことをやって見せるのです。特に子どもがつまずいている部分の動きをゆっくり見せてあげましょう。

❺提供後にさそう

すべてのプロセスを見せ終えたら、「あなたの番です。やってみますか？」と、声をかけます。このときも、やるか、やらないかは子どもの判断に任せます。

「やらない」という言葉が返ってきたら、「そう、じゃあ、またやりましょうね」とにこやかに答えましょう。

今日はやりたくない気分なのかもしれませんし、彼（彼女）の成長のタイミングにマッチしていなかったのかもしれません。

私どもモンテッソーリ教師は、こうした「提供」のプロセスを何百回と練習して、体に叩きこんで実践に向かいます。皆さんがそこまでするのは難しいと思いますが、日々の子どもとの接し方に少しでも意識的に取りこむだけで、子どもとの関係が飛躍的にランクアップすることを保証いたします。

教具に見向きもしない・難しすぎた

「手作り教具を作ったけれど、または新しいおもちゃを買ってきたけれど、見向きもしません……」、これもよくあることです。私どもモンテッソーリ教師でもあります。

そのようなときは、「この子の成長のタイミングに合っていないんだな」と、考えましょう。「まだ、早すぎたのかもしれませんし、逆にもう、動きを習得してしまった後で、簡単すぎた、という可能性もあります。その答えは、子どもの動きをよりよく見ることで見えてきます。

難しすぎたとすれば、どの部分で苦労しているのか観察するのです。たとえば、ピンセットで豆をつまむお仕事をしてみたけれど、小さすぎて、ツルツルした豆がつかめないでいたら、同じ動きでもっと簡単な、トングで毛糸のボンボンをつまむお仕事をしてみたり。トングもうまく使えなければ、指の力がまだ足りないのだから、洗濯バサミのお仕事に誘ってみたり。

このように、子どもの動きの段階をよく観察してみることで、わが子の今が見えてくるのです。

何回も繰り返す＝「集中現象」とは？

成長のタイミングと合っているか？　そのバロメーターは「繰り返し」にあります。

やり終えた後に、「もう1回やる」と言い出したらチャンスが来たと思ってください。せっかくでき上がったパズルを、また、ひっくり返して初めからやる。これもよくあることです。大人は「やっと、でき上がったのにもったいない」と思うのです。

しかし、子どもはでき上がった作品に興味はなく、パズルがうまくはめられた手の動きの上達に興味があるからなのです。そして、何回も繰り返すことを通して、ドンドン動きが上達（洗練）してきます。場合によっては1時間近く同じ活動を集中して繰り返すこともあります。

これをモンテッソーリ教育では「集中現象」といいます。私どもモンテッソーリ教師の最大の目的は、「繰り返しをどれだけアシストできたか」にあるといっても過言ではありません。活動を心ゆくまで集中して繰り返し、もうこの活動は習得できたと、自分からやり終えたときの、子どもの清々しい表情を見逃さないでください。これが、「一人でできた」という自己肯定感が生まれた瞬間なのです。

将棋の藤井聡太棋士が、幼少時代モンテッソーリ教育の幼稚園で、ハートバッグを作るお仕事を、来る日も来る日も繰り返し、その数は100個以上になったという話は有名ですね。現在の並外れた集中力は、この時期の集中現象から生まれてきたのですね。

最後にもう一つ。

「もう、そのお仕事は何回もやったから、こっちの新しいのやってみたら？」
「面白そうだね、お父さんも一緒にやろうかな？」

これは繰り返しを邪魔してしまう言葉です。
繰り返しやり始めたら、できる限りそっと集中を途切れないように静かに見守る。
これが、ワンランク上の子育てです。

ランクアップチェック

- □環境と子どもを結びつけるのが親の役割です。
- □「一人でできるようにやって見せる」3つのMを忘れずに。
- □繰り返しが成長のチャンス！

chapter 4

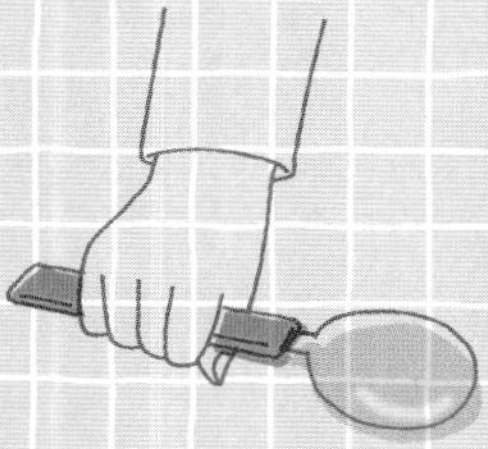

2～3歳の子どもの育ち方

魔の2歳児から
自律へ向けて

keyword 21

世界共通！ 魔の2歳児の乗り越え方！

『イヤイヤ期』

「魔の2歳児」などという言葉を聞いたことがあるでしょうか？ 英語でも"the terrible twos"というくらいですから、世界中のお父さん、お母さんが2歳児には手を焼いているのでしょう。

2歳をすぎて、言語が喋れるようになるのと並行して、何をやってもイヤ！ 気に食わなければ持っているものをぶん投げる！ 地面に突っ伏して泣きまくる！ といった「イヤイヤ期」がやってきます。

もちろん個人差はありますが、誰もが多かれ少なかれ、必ず通る道だということを予習しておきましょう。

このような「期」があることを予習して覚悟ができていれば、「ついにわが子にもやって来たか？」と少しは落ち着いて対処できるものです。

大泣きするときの3パターン

初めての子育ては、わからないことばかりです。わが子が大泣きして手がつけられないときに、次の3つの原因を疑ってみてください。必ず出口が見つかるはずです。

1 「自分でやりたかった」大泣き
2 「秩序」が乱れた大泣き
3 「イヤイヤ期」からくる大泣き

それではこれら3つの原因について説明していきます。

1 「自分でやりたかった」大泣き

子どもが大泣きするときに、まず疑ってほしい原因は「自分でやりたかった」です。キーワード11でお伝えしたとおり、「運動の敏感期」にある子どもは、自分が生きていくために必要な動きを身につける、いわゆる「神様からの宿題」をやっている最中なのです。

そして、上達するたびにドーパミンが流れ、幸せを感じているのです。ですから、どんな理由であれ大人の都合で、中断されたり、取り上げられたらどうでしょうか？強烈な反抗をして当然ですよね。

「この瞬間にこそ、わが子の本当の力が伸びている」、そう思い、心に余裕をもって見守ってあげましょう。そして援助が必要なときにも「お手伝いしていいですか？」と、ひと言声をかける配慮が必要です。

❷「秩序」が乱れた大泣き

59ページでもふれたとおり、世の中のことを何も知らずに、この世に生まれてきた子どもは、世の中の仕組みをドンドン秩序づけて吸収していきます。それはあたかも写真で撮るかの如く、意識せず、一瞬にして記憶する「無意識的記憶」というすごい能力です。

しかし、画像のように吸収してしまうので、場所や、順番が変わってしまうと、とても混乱し、たちまち不愉快になってしまうのです。大人にとって一番難解な「秩序の敏感期」を理解するキーワードは、「順序」「習慣」「場所」の3つです。

「順序」へのこだわり

毎日の生活の順番に強いこだわりを見せる子どもが多くいます。たとえば着替えであれば、最初は靴下から。それも右の足から。左から履かせようとすると、もう不機嫌です。「自分でやりたい」という「運動の敏感期」も到来していますので、よけい厄介になってきます。しかし、この順番へのこだわりが、将来「自分で見通しを立てて順番を決め、段取りを立てる」という、わが子の得難い能力につながっていくのです。できる限り、彼らの秩序を尊重してあげましょう。

「習慣」へのこだわり

いつものお散歩のルートは、緑道の右側を歩き、壁の穴から庭にいる犬を覗いて、次は橋の上から魚を眺めるのが毎日の習慣です。しかし、今日は急いでいるので近道をしようとしたら大泣き。犬を見たいと道路に寝そべり、テコでも動きません。

「いつもと同じだから、今日はいいじゃない」。これが、大人の言い分です。「いつもと同じだから、絶対見たいんだ」。これが、子どもの習慣へのこだわりなのです。

親としてできることは、日ごろからわが子が何を習慣としているか、よく観察しておくことです。そして、それをできる限り尊重することです。めんどうくさいかもしれませんが、親子間の信頼関係を深めるポイントです。急な予定変更は要注意です。

「場所」へのこだわり

秩序の敏感期にある子どもは「場所」にも強いこだわりを見せます。家庭の食卓でも、ここはパパの席、ここはママの席、とこだわったりしますので、たまたま違う席に座らせたり、お客さまがその席に座ろうものなら大騒ぎです。そのようなときは、「ここは○○ちゃんの席だけど、今日はお客さまにどうぞしていい？」とひと言添えてみてはいかがでしょうか？

注意していただきたいのは、**子どもは大人の数十倍、場所などの秩序に敏感だ**ということを知っておいてあげてほしいのです。ですから引っ越しや、大規模な部屋の模様替えは要注意です。心が不安定になる可能性がある、ということを覚えておいてあげてください。

❸「イヤイヤ期」からくる大泣き

そして、2歳前後から始まるイヤイヤ期です。これを単なる「わがまま」と決めつけて叱りつけるだけで良いのでしょうか？

まずは、「イヤイヤの本当の理由は何なのか？」を理解しましょう。体も自分の思いどおり動かせるようになり、自分の意見も言葉で少し言えるようになってきたのがこの時期です。

子どもからすれば、「どこまで自分の言い分がとおるのか？　試してみよう！」といった感じなのです。ですから、こちらも感情的になっては意味がありません。「ここまではいいけれど、ここから先は受け入れられないよ」と、交通整理をするような気持ちで冷静に対処しましょう。

言い分を主張したいのですが、うまく言葉で表現できないことにイライラしているのですから、その感情を「そうか、この靴は履きたくないんだね」「自分で履きたいんだね！」のように表現してあげるのも効果的です。

2歳児との最高のつき合い方は、「選択」させること！

一番の解決策は「二者択一」で、選択肢を与えることです。「この靴と、こっちの靴、どっちがいい？」と聞けば、自分の言い分がとおったと感じるからです。

2歳児がいる家庭を穏やかな雰囲気にする最高の方法は、日常生活の何気ない場面でも、子どもに選択をさせることです。えらばせることで、子どもは自分の考えが尊重されていると感じることができます。

「イヤ」も立派な意思表示です

どこかのタイミングで「イヤ」ということを口に出すことを発見します。この時期の「イヤ」は本能的で、あまり強い意味はありません。「イヤ」という強い意思表示の方法を発見したので試しに使ってみている段階だと思いましょう。

通りすぎるのを待つことも大切！

しかし、どうしようもないときは「イヤイヤ期も○○期だから、必ず始まりがあって、終わりがやってくる」と考え、すぎ去るのを待つのも一策です。

ランクアップチェック

わが子が原因不明の大泣きをしたときは

- □ 自分でやりたかったのかな？
- □ 秩序が乱れたのかな？
- □ 「イヤイヤ」期に突入したのかな？

keyword 22

集団への旅立ち！

『幼稚園・保育園の準備』

子どもにとって、幼稚園・保育園へ行くということは、大きなハードルである反面、大きな成長のチャンスといえます。保育園では0歳代から集団に移行することもあるので、よくわからないうちから環境に適合してしまうということもあります。

しかし、幼稚園に行く準備をしなくてはいけない2〜3歳は、すでに様々なことがわかり始めているので、ごまかしが効きません。お子さんともしっかりと向き合い、次の5つの準備を進めましょう。

❶母子分離
❷トイレトレーニング
❸靴・衣服の着脱
❹ボタン・ファスナー

❺お弁当を自分で食べる

もちろん、これらがすべてできていないと幼稚園に行けないということではありません。しかし、幼稚園というものが、集団・社会生活の始まりであるとすれば、これらを自分一人でできたほうが楽しいスタートとなることは間違いありません。

ぜひ、一歩ずつ、ステップアップさせてあげましょう。

第一歩は「母子分離」から

お母さんと初めて離れて泣かない子どもはいません。泣くことで、母親の愛情を勝ち取らなければ、自然界では生き残れないからです。2歳になるころまでは、家の中であっても、お母さんの姿が、一瞬でも見えなくなるだけで泣いてしまう子も多いものです。この月齢の子どもは、目の前から物が消えると、そのまま消滅してしまったと考えるからなのです。

たとえばチップを貯金箱の中にストンと落とすと、目の前から見えなくなります。

しかし、裏のフタを開けると、なくなったはずのチップが出てくる。子どもは驚き、何度も繰り返し確認をするのです。そして、目の前から一時的になくなっても、フタを開ければそこに存在しているという、**「物の永続性」**を学ぶのです。

これと同様に、お母さんとバイバイをしても、必ず迎えに来てくれるという体験の繰り返しが必要なのです。

母子分離もステップを踏んで

母子分離はステップを踏んで、何回も繰り返す必要があります。

❶必ず「お母さん、お買い物をしてくるから待っていてね」など、しっかり伝えて姿を消すことが必要です。黙っていなくなるのは恐怖だけが残り、逆効果なので注意してください。

❷預かる側も、子どもが泣いてしまっても「あなたのお母さんは、お買い物に行ったのよ～。必ず帰ってくるから、一緒に待っていようね！」としっかり伝えましょう。

❸最初は30分、慣れてきたら1時間などの短い時間で帰ってくることで、お母さんはいなくなっても、必ず帰ってくるという成功体験を積ませましょう。

一番大切なのは母親の子離れ！

母子分離を必要以上に不安に思わせてしまうのは「お母さまのスタンス」にあります。母親のほうがわが子と離れるのがつらいために、必要以上に大げさな別れを演じてしまうケースが多々あります。

「今生《こんじょう》の別れ！」とでもいわんばかりのオーバーな演出は、子どもを逆に不安にさせてしまうのです。潜在意識の中で「この子は私がいなくては駄目なんだ」という母性がそうさせてしまうのです。

後追いして泣く子どもの姿を見て、「あぁやっぱり、私がいないと……」と再確認する心が潜在的にあるのです。

気持ちはよくわかりますが、わが子の自立が一番の目的ですので、ここは冷静に、気持ちをこめて「ママ、お買い物してくるから待っていてね。本当に助かるわ」と、一人の人格に対してちゃんと伝えましょう。そして帰ってきたら「本当にありがとう。○○ちゃんが待っていてくれたから、お母さんお買い物ができたのよ」と事実をしっかり伝えてあげましょう。

母子分離は、遅かれ早かれみな乗り越えます。**「私は一人でも大丈夫」という、自己肯定感の源になる体験**です。ぜひ、自分で乗り越えられるように、丁寧にできる限りの配慮をしてあげましょう。

プレ幼稚園って行かなければいけないの？

最近多い質問です。一昔前にはプレ幼稚園などという言葉もありませんでした。結論から申し上げれば絶対必要なものではありません。

早くから園児を確保しておきたいという幼稚園側の経営上の理由から、開催されているケースも多いので注意が必要です。2歳の子どもは、自分に興味がある年代ですので、集団に入ることを好まない場合も多いものです。

「今は、個というものを大切に育て、一人でできることを大切にしながら、集団に触れる機会を増やしていきましょう」、そうしたスタンスに共感してくれるプレ幼稚園でしたら、参加する価値があるかもしれません。

特に早生まれのお子さまは、2歳になったばかりでのタイミングになりますので、集団に入れることを強制することは極めて注意してください。

モンテッソーリ園の0〜3歳

モンテッソーリ教育の子どもの家や、幼稚園では3歳前のクラスを設けているところがあります。単なるプレ幼稚園というスタンスではなく、個の成長を見守り、親がわが子の成長を学ぶ良い機会です。もし、近隣にあれば訪ねてみることをおすすめいたします。

〈モンテッソーリ園の0〜3歳児の受け入れ〉

●NIDO《ニド》クラス（0〜1歳半）お母さんと一緒に参加。

●ICクラス（インファントクラス・1歳半〜3歳）

keyword 23

おむつはずしで親が知っておくべき大事なこと『トイレトレーニング』

トイレトレーニングで一番大切なこと、それは「親の気の持ちよう」です！　**「いつかは一人でできるようになるだろうから、気長に見守ろう」**というスタンスです。

考えてみてください、「あなたのまわりの成人でいまだにおむつをつけている人が、病気の方、ご高齢の方以外でいらっしゃいますか？」、「みなさんは何歳何カ月でおむつがはずれたんでしょう？」覚えていないですよね？

そうです！　「おむつがいつはずれるか？　などということは、人生や人格にはまったく関係ないことなのです」。「早ければ良い」という考え方も誤りです。この気持ちを基にスタートしましょう。

そして大切なことは「トイレトレーニングには子どもの心理的要素に大きな影響を与える」ということです。「早く、早く」という親の思いが「排泄《はいせつ》にたいして恐怖心を抱かせてしまうなど、後に大きな障害となることもあります。

心理学者フロイトによると、幼少時の排泄に対するコンプレックスが成人してからの性行動にも影響を与えるともいわれています。モンテッソーリ教育に基づくトイレトレーニングは「一人でできた」という自己肯定感を高めることが最終目的です。

トイレトレーニングの何が難しいのか?

「なぜ、子どもが思いどおりに排泄できないのか?」、まずは、そこから理解してあげることが大切です。

私ども大人が普段、何も意識せずに行っている「おしっこを我慢して、自分の意志でトイレに行っておしっこをする」、ここまでのプロセスが、子どもにとってはとても複雑で、困難な行為なのです。その困難さを理解することが第一歩です。

❶おしっこが膀胱《ぼうこう》にたまってきたことを感知する
❷膀胱の筋肉を弛めて、ためられるようにする

❸同時に出口の筋肉を縮めて、もれないようにする
❹適切な時期と場所へ行くことを大脳が指令を出す
❺膀胱の筋肉をしめる
❻同時に出口の筋肉を弛めて排泄をする
❼腹筋を緊張させ腹圧をかける（ブルブルっとする）

どうです？　もちろん私たち大人はこの行為を自然に行っていますが、特に「膀胱をゆるめると同時に出口はしめる」などの、一度に2つ以上の行為をすることは子どもにとってはとても難しいことなのです。

このような、身体的な準備がまだできていないのに、トイレトレーニングに突入しても意味がありません。

ステップ1　トイレトレーニングの開始時期？

まずは、トイレでおむつを替える習慣から変えていきましょう。

子どもにとっての「秩序」の重要性は、59ページでお話ししました。「いつも同じ場所で、いつも同じ順番で」という秩序が子どもにとっての安心感であり、子どもは秩序を手がかりに、社会を理解していきます。

生まれたばかりの子どもには「排泄はトイレで」という秩序はまだありません。その秩序を築いていくには、「自分で歩けるようになったらおむつを替えるために、トイレへ行く」ことから始めます。その繰り返しで「あ～、おしっこをしたくなったらトイレに行くんだな」といった秩序が生まれます。「ご飯もトイレも同じ場所」ではおかしいですものね！

物理的に無理でしたらトイレの近くで。69ページでお伝えしたとおり、外出時には「いつも同じシートの上で、同じ手順で」ということを心がけます。

それではトイレトレーニングの本番はいつごろからでしょう？

次の3つがそろったらスタートです。

❶歩けるようになってから

まずはトイレに自力で行けるようになってからが大原則です。もちろんこの段階ではおむつを履いていてOKです。トイレまで行き、「立って」おむつを替えてあげましょう。「新しいおむつはここにあるのよ～」「よごれたおむつはここに入れようね～」と言いながら秩序を築いていきます。歩いてトイレに行き、自分でズボンを下げる、ズボンを上げるなどができるようになることが、体幹が育ってきた証《あかし》になります。

❷排泄の間隔が30分～1時間以上開く

これは1つの目安ですが、膀胱におしっこがためられるようになることが大切です。個人差がありますので、わが子がどの段階にいるのかを知ることが大切です。

❸うんちやおしっこの前兆を見逃さないようにする

個人差はありますが、おしっこの前にもじもじする、うんちの前にいきむなどのサインがあります。そのサインを見逃さずに「トイレ行く？」と誘い、自分の意思と、自分の足でトイレまで行かせます。仮に間に合わなくても、自分の力でトイレまで来ることができたことをほめてあげましょう。「トイレまで自分で来れたね〜！ また、教えてね〜」

モンテッソーリ教育の大原則は**「できることは子どもに任せる、できないことだけ最小限に援助する」**ということです。

さて私どもにできる「最小限の援助」とは何でしょう？ それは子どもが自分の力でできるような「環境」を整えることです。それではステップ2に進みましょう。

ステップ2 環境を整える（大人にできる唯一のこと）

モンテッソーリ教育の大原則は「できることは子どもに任せる、できないことだけ最小限に援助する」ということです。

しかし、自分でできるようになるには、最低限の援助と環境の設定が必要です。

たとえトイレで自力で排泄をしたいと思っても、自分の力では脱げないズボンをはいていたり、自分の力ではまたげない高さのトイレでは、自力ですることはできないからです。

ご自宅の環境はどうでしょうか？　ご自分の家を子どもの視点で見たときに、自分の力でトイレに行き、排泄を終了できる環境といえるでしょうか？　まずはそこを見直すことから始めましょう！

❶トイレのドアは自分で開けられますか？

トイレトレーニングの最中は、ドアは開けたままでもOKでしょう。

❷便器の高さはどうでしょう？

間違いなく高すぎると思いますので、「踏み台」を置きます。手すりがあるとなお良いでしょう。

❸便座の穴はどうでしょう？

大きすぎると思いますので、サイズ調整のカバーをつけましょう。

踏み台を改造して、お家のトイレも一人でできるように

❹オマルはどうでしょうか？

一人でできるという視点から、良いと思います。しかしオマルもトイレの中か、トイレの近くに置くべきです。リビングでは変ですよね！

❺新しいパンツ、汚れたパンツ

それぞれ自分で手に取れる場所、入れられる場所を決めましょう。

❻自分でできる「服装」

自分で脱げない、自分で履けない服装はNGです。たとえばカバーオール、ロンパース（84ページ参照）など、股にホックがついていて自分では脱げない服装は、これを期に卒業します。セパレートで、ズボンは腰がゴムで、すぐに自分で下ろせることを基準にします。スタイルより、一人でできるか？　を優先します。

そして何よりも大切なことは、「トイレが明るい、行きたい場所」であることです。これは照明だけのことを言っているわけではありません！　「トイレはママがいなくて、暗くて、狭くて、怖いところ」といったイメージを持たせないことがとても大切です。

「何でもらしちゃったの！　トイレの中で反省しなさい！」バタン！「うぇ～ん（泣）」この繰り返しでは、トイレに対する暗いイメージだけが残ってしまいます。

照明は明るく、ドアは閉めずに、「ママここで見ているからね！」と声をかけてあげましょう。

ステップ3　自分で選択する

体力的に準備ができ、環境も整ったらいよいよ実践です。しかし、ここで一番大切なことは、子どもに選択を委《ゆだ》ねることです。

「今日は、おむつにする？　パンツにする？」、パンツになったという自覚、意識こそがトイレトレーニングの肝なのです。それこそが「自分で選んで、自分でできた！」という自己肯定感の源となるのです。

ステップ4 トイレトレーニングは1日1回。お休みも大切！

「毎日、何回も失敗して、何回も叱られる！」。これでは自己肯定感どころではありません。毎日1回、パンツに挑戦します。失敗しても、「また明日、頑張ろうね！」これなら、親子ともにストレスになりません。

4、5日続けても、ダメなときは、まだタイミングじゃないのかな？　と、数週間おいてから再開してみましょう。

ランクアップチェック

- □ なぜ、子どもが思いどおりに排泄ができないのかを理解する。
- □ まずは、トイレでおむつを替えることを習慣づける。
- □ スタートのタイミングを見計る。
- □ 一人でできる環境を用意する。踏み台、便座のフタと穴、洋服など。
- □ パンツにするかを自分で決めさせ、自覚を持たせる。

keyword 24

一人でできるようになるためのチョットしたコツ！『服を着る・脱ぐ・ボタン』

幼稚園に行くまでに、自分一人で服を着たり、脱いだりできたら！　と、親なら皆考えるものです。しかし、それにはちょっとしたコツが必要なのです。

まず、親が予習しておかなくてはならないことは、「子どもにとってどこが難しいのか？」を知っておくことです。ちょっとしたコツを知っているだけで「あ～ら不思議！」、スムーズにできるようになります。

まず、腕を通しやすいすべりの良い大きめのジャンパーなどを用意します。親も同じような服を用意して、お手本を見せながら、ゲームのように楽しみながら行うと効果的です。

練習は忙しい朝などではなく、休日などゆったりした時間に、楽しみながら行うようにしましょう。

「服を着る」＝腕を通す袖穴が見つからない！

❶練習するために、すべりの良い、少し大きめの、長袖ジャンパーなどを準備する

❷立ったままでは、どこの袖穴に腕を通して良いかわからないので、低い机の上に広げて置く

❸机の上に置いたまま利き腕の反対側にある袖に腕を入れる

❹腕を上げ、状態を起こす

❺反対の袖に腕を通す

子どもにはここが難しく、最初は、袖穴が見つからないので、大人が袖を持ち上げて補助すると良い

「服を脱ぐ」＝袖が抜けない！

❶先に脱ぐほうの肩を出す

ポイント

❷手を後ろにまわし、脱ぐ側の袖口をつかみ、引き抜く

❸両方の袖をつかんだまま前にまわして、反対の手で両袖をつかんで抜く

ボタンのかけはずし！

服を着たり、脱いだりすることとあわせて練習したいのが「ボタン」です。ボタンかけの難しい理由は次の2つです。

❶右の手と、左の手を同時に違う動きをさせなくてはならない
❷服を着たまま、自分のお腹の上でしなくてはならない

この難しい点をクリアするには、服を着たままではなく、練習のために机の上に置いて、ゆっくりして見せることがポイントです。このように、難しい部分だけを取り出して、ゆっくりとクリアしていくことを、モンテッソーリ教育では**「困難性の孤立」**といいます。

練習用に望ましい洋服

・大きめのボタンが複数ついている（つまみやすく、何回も練習できる）

・最初はボタンホールが縦向きの服
・ボタンホールの穴がゆるいもの
手作りで下の写真のような教具を作れれば、理想的です。

手作りのボタンの教具。

ボタンをはずす

❶左手で上になっている右布をつかむ
❷右手でボタンをつかみ右に引く
❸ボタンを穴に入れる「この穴に入れるよ」
❹向こう側から出てきたボタンを、左手を持ち代えてつまむ
❺右手で右布をつかみ開ける
❻「ボタンがはずれました」

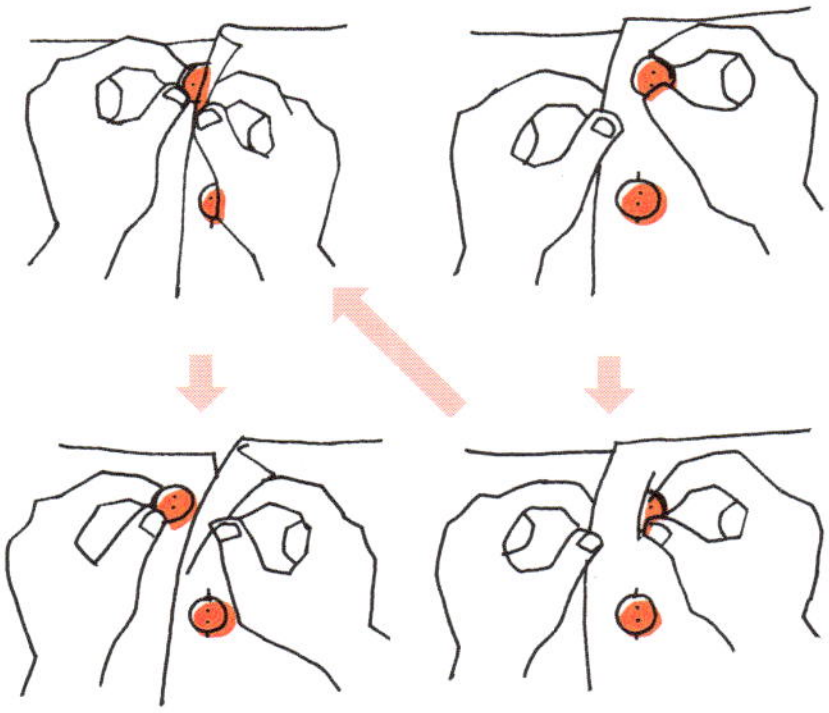

※一つずつの動きをゆっくり見せることは、わかりやすいだけでなく、動きそのものを魅力的に見せる効果があります。

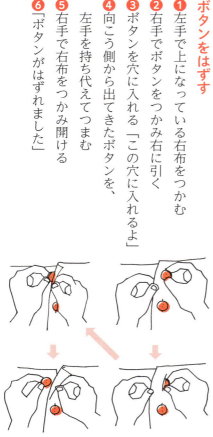

ボタンをかける

❶右手で上になっている右布をつかむ
❷左手でボタンをつまみ、穴に入れる「この穴に入れるよ」
❸向こう側から出てきたボタンを、右手でつまむ
❹左手で右布を引き、とめる
❺「ボタンがとまりました」

机の上でたくさんたくさん練習ができてから、服を着たままのボタンかけにチャレンジします。

ランクアップチェック

- □ 子どもにとって難しいポイントだけお手伝いする。
- □ ボタンは服を着た状態ではなく、机の上で練習する。
- □ 練習はゆったりした休日などに、楽しみながらする。

keyword 25

栄養はご自宅で！　なによりも自分で食べられること！
『おべんとう』

お弁当を自分で食べる！　これも、自立の第一歩です。給食というケースも多いと思いますが、一人で食べる準備をして、最後まで自分で食べ、お片づけをする習慣をこのときにつけることは重要です。

一人で食べられることが最優先！　栄養バランスは２番目

お弁当箱選びから、おかずの選定まで、考えなくてはいけないことがたくさんありますが、その基準は**「どうしたら、一人でフタを開けて、最後まで食べきり、お片づけまでができるか？」**を最優先にしてあげてください。

❶最初のお弁当箱は、昔ながらのアルミのお弁当箱（パッキン型は自分で開けられ

ない)、ゴムバンドもゆるめのものを選んであげましょう
❷フォークつきスプーン1本
❸布製のスプーンカバー(ゆるめ)
❹ランチョンマット(小さめのもの)
❺きんちゃく袋(大きめの物)
❻水筒(自力で開け閉めできるもの。後述)

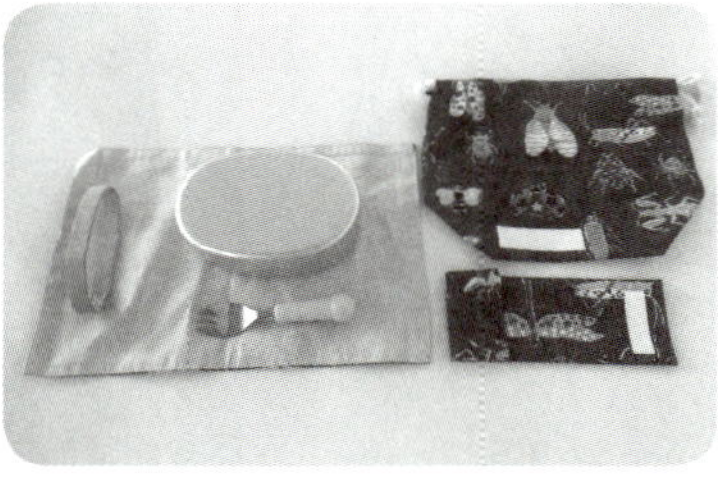

最近はやりのキャラクターつきのパッキン式のお弁当箱と、フォーク・スプーン、お箸のセットされたものは、2歳児では自分で開け閉めできません。量も多すぎます。

一番最初は、昔ながらのアルミのお弁当箱がベストです。お弁当の中身は一口で食べられるサイズの、小さなおにぎりを数個。子どもは一口で入れてしまうので、大きすぎると飲みこめずに「オエッ」となってしまいます。おかずはウインナーなど、フォークで刺して食べられるものが良いでしょう。

避けたいのは、まだスプーンで上手にすくえない段階なのに、チャーハンなどのご

飯を詰めたお弁当です。当然、食べるのが遅くなりますし、ボロボロと床に落としてしまい、補助する先生にも迷惑がかかります。

栄養のバランスはご自宅で修正していただくとして、まずは、一人で最後まで食べ終えるという「成功体験」を積ませてあげましょう。

初めての水筒

水筒も様々な物がありますので迷いますが、ここでも一人で失敗せずに飲めることを基準に選びます。「マグマグ」はそろそろ卒業です。かといって、キャップをひねって開け閉めするものは、まだひねる力が足りないので、袋の中で水漏れを起こします。キャップをコップ代わりにして注ぐタイプも、まだ失敗する可能性が高いです。

最初の段階ではワンタッチで開けられ、そのま

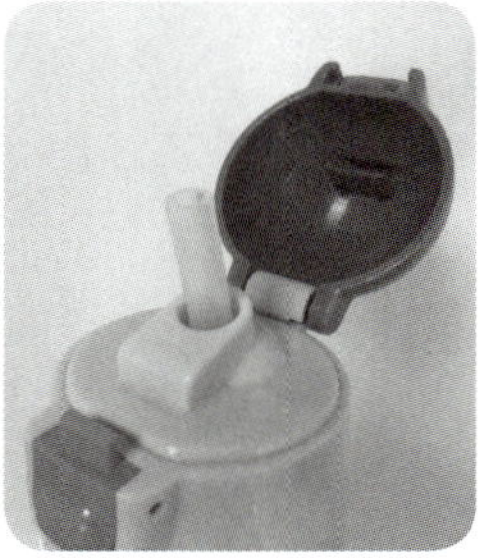
ワンタッチで開閉できて、ストロー型が一番失敗が少ない

ねじってふたを開けて、注ぐのが一番難しい

ま口をつけて飲めて、ワンタッチで閉められるタイプが良いでしょう。

名前は大きく外に書く

そんな当たり前のこと！ と思われるかもしれませんが、私のサロンでもお母さま方に何回も申し上げることです。

お母さんは自分の子どもの持ち物は当然わかりますが、幼稚園・保育園の先生方はわかりません。「お弁当袋にもお名前書いておいてくださいね！」と申し上げると、「ここにちゃんと書いてあるのですが」と、袋の内側に小さく書いてある名前を指されることもよくあります。預ける先の方のことも考え、名前は大きく、外側に書きましょう。

楽しく練習してみましょう

さて、お弁当セットがそろったら、ご自宅で練習してみましょう。最初はお弁当の中身を入れずに、自分で出して、片づけるまでを楽しく練習します。

❶きんちゃく袋を開けます（きんちゃく袋は、蝶結びにせず、絞りこんだだけにしておきます）

❷ランチョンマットを取り出し、敷きます

❸お弁当箱を取り出し、ゴムバンドを外します

❹自分で開けて、ふたの上に本体をすっぽり入れて準備完了です

❺フォークつきスプーンを取り出します

❻「いただきます」の挨拶をして、食べる真似をします

❼「ごちそうさま」の挨拶をして、片づけます

❽ランチョンマットのたたみ方なども、しっかり見せてあげましょう

❾スムースにできるようになったら、いよいよ中身を入れてお出かけしましょう！

スプーンの持ち方の3段階

スプーンの持ち方の変化に注目すると、子どもの発達が見えてきます。

子どもの手の動きのランクアップを見逃さないようにしましょう！

❶パームグリップ

手の平全体でスプーンの柄を握る。一番最初の段階です。

❷フィンガーグリップ

親指でスプーンの柄を支えるようになります。この握り方がしっかりしてきたら、渡すときに❸のペングリップにして渡してみます。それでもこのフィンガー

パームグリップ

フィンガーグリップ

グリップに戻すようであればそのままにします。

❸ペングリップ

親指、人差し指、中指の3本で、ペンを持つように持てるようになる。しばらくすると、箸に移行する準備ができます。

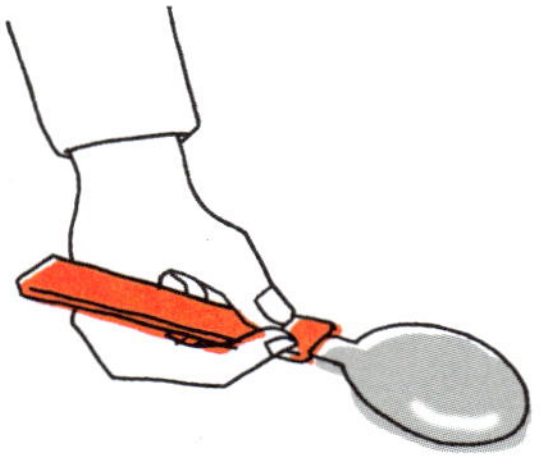

ペングリップ

ランクアップチェック

- □ 初めてのお弁当セットは、一人で開けて、一人で片づけられることを最優先に。
- □ お弁当の中身は栄養よりも、一人で食べられることを優先して。
- □ セットができたら、空の状態で楽しく練習をする。

keyword 26

生きていく力をつけるためのトレーニング!

『日常生活の練習〜お手伝い』

2歳をすぎると、歩くことが安定してきて、走ることもできるようになってきます。手先もよく動くようになり、基本的な動作ができるようになります。言語も活発になり、「○○したい」などの要求もできるようになります。

人間として最も大切な三要素である「二足直立歩行・手で道具を使う・言語を話す」が確立し、動きが洗練されてくるのがこの時期です。

こうして獲得した、基本的な運動能力を活かし、日常生活を送るための実践練習を始めるのに、最高なのがこの時期です。

こうした子どもの変化に合わせて、部屋の模様替え、おもちゃの入れ替えなど、シフトチェンジをしていきましょう。

日常生活の練習5つの分野

❶基本運動

「つまむ、入れる、刺す、引っ張る、ねじる」など、基本的な動作を2歳ごろまでに獲得します。

❷環境への配慮

自分を客観的に見ることができるようになり、自分以外の存在に気づき始めるのもこの頃からです。そして、人間以外の生き物がいることや、自分を取り巻く環境に興味が出てきます。たとえば、生き物の世話をしたり、部屋の片づけやお手伝いなど、自分以外の人や物に対して働きかけることに興味が出てきます。

❸自分への配慮

「自分のことを自分でしたい」という思いがより強くなります。歯をみがく、手を洗う、風呂に入る、衣服の着脱など基本的な生活習慣を身につけるための絶好の時期です。

❹社交的なふるまい

集団というものを意識すると同時に、そこにあるマナーやルールがあることに気づき始めるのもこの時期からです。挨拶など、大人がしている活動をすべて真似て、社会でのふるまい方をドンドン吸収していきます。

❺運動の調整

これまでは動作自体が目的でしたが、そうした動作を目的に合わせて組み合わせ、コントロールする段階に入ってきます。動きをより上手にできるように洗練する、物を丁寧に扱う、静かに歩くなど、「自分をコントロールする・自律」の段階に入ってきます。

一人でできるように手伝う！＝すべての家事に子どもを引き入れる

これらの日常生活の練習は、わが子が、この先一生涯生き抜くために必要な能力ばかりです。親もじっくりと腰を据えて見守り、必要があれば手伝いましょう。

そのために一番簡単で、効果的なことは、「すべての家事に子どもを引き入れる」ことです。子どもはお父さんや、お母さんのやることに興味深々です。何でも真似したくてしょうがないのがこの時期なのです。

最初は「洗濯物のお手伝い」などから、始めるのが良いでしょう。しっかりと洗濯ばさみを「つまんで留める、つまんで外す」動きは3本指の練習にピッタリです。

そして、洗濯物の二つ折り、四つ折りを、ゆっくり、丁寧に、楽しそうに見せてあげてください。子どもは真似をする天才ですので、最初の丁寧な見せ方がとても大切です。

見せてあげるだけでも効果的です

今はできなくも、見せてあげるだけでも効果があります。リビングの大きなテーブルの上で、夕飯の準備をして見せるのも良いでしょう。お父さんが自分の靴を磨く姿を見せるのも良いでしょう。

ポイントは、ゆっくりとして見せること。そして、動きを止めて口頭で説明をしてあげることです。

「これから靴を磨くよ！　これは、靴ブラシっていうんだよ！」という感じです。語彙力も増えて、一石三丁の効果があります。子どもサイズの道具が用意できれば、一緒に行うのも良いでしょう。

踏み台の活用

すべての家事に子どもを巻きこむために必要なものに「踏み台」があります。安定性が良く、かつ、子どもが自分で運べるものを選択します。

踏み台があれば自分のお弁当も詰められます

keyword 27

自分を客観的に見られるようになる！

『自分への配慮』

衣服が着られるようになるなど、自分のことが一人でできるようになると、自分自身の身だしなみなどにも配慮ができるようになります。

この時期に以下の写真のような「自分への配慮ができるコーナー」を作るとより自覚が生まれてきます。

少しお洒落な机といすを用意し、机の上には鏡を置きます。

髪の毛をとかすブラシや、自分で鼻をかむためのティッシュペーパーとごみ箱をセットしておきましょう。

女の子は特にお母さんが髪をとか

自分の身だしなみを整えるコーナー

す姿をうっとりと見て真似したがるものです。

髪型が乱れているときや、鼻水が出ているとき、ボタンの順番をかけ間違えているときなどがチャンスです。親が黙ってブラシでとかしてあげてしまったり、勝手に鼻水をぬぐってあげてしまわないように。

「○○ちゃん、ちょっと鏡を見てみようか？」と言って誘ってみましょう。

鼻水が出ているということが、どう見えるのか、鏡の中の自分を見せて、自分で気づくことから始めます。

鼻をかむことは、子どもには難しい？

3歳までの子どもは、「チーン」と勢いよく鼻をかむことができません。だから、いつも鼻水を出しっぱなしになってしまうのです。そこで、まずできるようにしてあげたいのが「鼻水をふく」という行為です。

❶鏡の前に行って、鼻水が垂れていることに自分で気づかせます

❷大人が隣で、鼻水のふき方を楽しそうにして見せてあげましょう

❸通常のティッシュペーパーは、子どもには大きすぎるので、半分に切って、四つ折りにしておくとちょうど良い

❹四つ折りのティッシュペーパーの両端を両手で持ち、鼻を包むように、そのままティッシュペーパーを当てる

❺鼻を両方からはさむようにしたまま、ティッシュペーパーを前方へずらす

❻折りたたまれたティッシュペーパーのまま、鼻水をふき取る

❼ゴミ箱に捨てる

❽鏡で鼻がきれいになったことを確認する

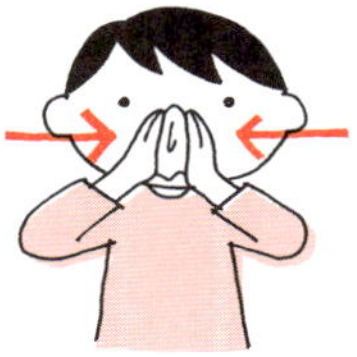

チーンとはかめないので、両方からはさんでぐりぐりしぼる

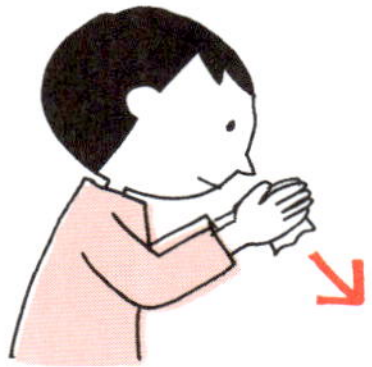

はさんだまま、前にスライドする

そのまま鼻にティッシュをあててふき取る

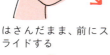

このように、大人には当たり前のことであっても、子どもにとっては難しいことがたくさんあります。

どこが子どもにとって難しいのかを観察して、わかりやすく分析して、できるように見せてあげましょう。

この「鼻水をふく」という活動を、マリア・モンテッソーリ自身が子どもたちの前でして見せたときに、見終えた子どもたちから拍手と歓声が沸いたそうです。

「鼻ばかり垂らして！」と、叱りつける大人しかいなかった中で、自分たちができなかったことを、できるようにして見せてくれた、たった一人の大人だったのでしょう。

口呼吸のデメリット

鼻水を出したままが習慣になってしまうと、鼻で呼吸ができないので、口を開けたままの口呼吸になってしまいます。口呼吸では、細菌が直接のどまで入ってしまったり、のどが乾燥して風邪などを引きやすくなってしまいます。

この年代から鼻呼吸へ導いてあげましょう。

他の人、生物に対する配慮

自分のことが客観的に見られるようになってくると、自分以外の物や、生き物に配慮ができるようになってきます。

植物や、生き物の面倒を見ることにも興味が出てきます。花の水やりや、ペットの餌やりなど、毎日続けられる作業を、子どものお仕事として任せると、責任感を養うことにつながります。

まわりの環境への配慮～ほめる

自分のことが客観的に見ることができるようになってくると、自分のまわりの環境にも配慮ができるようになってきます。

たとえば、鼻をかんだ後のゴミはもちろん、見つけたゴミをゴミ箱に捨てるようになります。しかし、そうしたときに、拍手などで過剰にほめる必要はありません。あまりにほめてばかりいると、ほめられるためだけにゴミを拾ったり、大人が見ていないところでは拾わなくなってしまうからです。

この年代の子どもは、まわりの人の役に立つことを喜びとして感じられるようになります。そのようなときは、「ありがとう。みんな助かるね！」と、しっかり見ていたことを伝え、行動を心から認めてあげましょう。

子ども扱いせずに、一人の人間として対等に感謝を伝えれば良いのです。

keyword 28

ご自宅でもできる自律への一歩！

『線上歩行』

2歳くらいになって、歩くことが安定してくると、子どもたちは必ず、塀の上のせまいところや、路上の縁石の上などを好んで歩くようになります。「あぶないよ！」と言っても、得意げに歩いて見せます。

「運動の敏感期」にある、この時期の子どもたちは、こうした行動をとおして、歩きを洗練させ、平衡感覚を磨き、自分を抑制するトレーニングを積んでいるのです。そして、自分の思うとおりに上手に歩けたことによりドーパミンが分泌、嬉しくてさらに繰り返し行うことで、ドンドン上手になっていきます。

忙しい親も、そう考えると、少しは長い目で見守ることができるかもしれません。叱っているだけの親からワンランクアップですね。

こうした特性を活用したモンテッソーリ教育のお仕事に「線上歩行」というものが

あります。白いテープ1本でご自宅でもできますので是非、実践してみてください。

幅が2・5〜5センチの白いビニールテープを用意します。これをご自宅の床にきれいに貼るだけで準備完了です。最初は、直線を3メートル程度貼って始めましょう。

まずは、親がお手本を示します。注意点は黙って真剣にやって見せることです。足元を見ずに、前方を見ながら、ゆっくりと、一方のつま先に他方の足のかかとをつけ、静かにつま先を下ろして、一歩一歩ゆっくりとバランスを取りながら線上を歩きます。

心を静めて自律を身につけるのがこの目的の活動ですので「おふざけ」にならないように、真剣に取り組む姿を見せるこ

たった１本のテープでこの集中力

とが大切です。

前ページの写真のように廊下でも、1本の線さえあれば、子どもは集中します。

直線が歩めるようになったら、楕円など、線をつなげることで、連続して心ゆくまで歩めるようになります。


この活動を通して、子どもたちは、はやる思いを静め、自分の動きをコントロールする「自律」の心を養います。

「自律」ということは、自分自身の主人公になるということです。モンテッソーリ園では朝、登園してきたら、まず、この線上歩行をして、心を静めてから各自のお仕事に入るほど効果があり、有効なお仕事です。


月齢が上がり、歩行が簡単にできるようになったら、手に旗などを持ったり、頭にお手玉を乗せたりして難易度を上げると、さらなる集中力が養われます。

ぜひ、実践してみてください。

リトミック教育とモンテッソーリ教育

音楽に合わせて表現をすることでリズム感などを養うリトミック教育。このリトミック教育の創案者であるエミール・ジャック・ダルクローズと、マリア・モンテッソーリとが、お互い協力していたことは、あまり知られていない事実です。音楽の世界で活躍したダルクローズと、医学の世界で活躍したモンテッソーリは、分野の違いはありますが、ヨーロッパで同じ時代を生き、教育者として交流を持っていました。

リトミック教育では、大人は静かに座って音楽を聴くのに対して、子どもは動いて音楽を感じます。そして、体全体で表現するのです。モンテッソーリ教育の「子どもは動きながら学ぶ」と極めて共通しています。

リトミックに取り組んでいる子どもたちを見ていると気づくことがあります。それは、子どもたちにとって、自由にグルグル走りまわることは得意で簡単なことなのですが、ゆっくり動いたり、ピタッと止まることがとても難しいということです。リトミック教育を受けることで、激しく動きたいという強い衝動を自分の中でセーブして、ゆっくり動いたり、ピタリと静止することを学んでいくのです。

機能的には自由に動かせるようになってきた自分の体を、今度は、自分の意志に合わせて動かせるようにしていく過程に入っていくのです。そして、その繰り返しによって「自律」を獲得していくのです。

モンテッソーリ教育での線上歩行のお仕事も、リトミック教育で自分の体で表現することも、子どもが自分自身の主人公になるために有効であることがよくわかります。「子どもは激しく動くことよりも、ゆっくり動いたり、静止することが苦手なのだな」という目を持って見守ると、子どもの行動がよく理解できるようになってきます。

keyword 29

「一人でできる」が、グングン加速する！『身のまわりの準備』

幼稚園・保育園準備は、身のまわりのことが自分でできるようになる絶好のチャンスです。家庭生活を見直し、「一人でできる」にドンドン移行していきましょう。

0～6歳という運動の敏感期は、自分で動くのが楽しくてしようがない、大人の真似をするのがおもしろくてしょうがないという素敵な時期です。

この自然の偉大な力を利用して、この先何十年生きていくための生活習慣を身につけてしまいましょう。

そのためには、子どもの動きを観察して、「何ができて、何ができないのか？」を分析し、できることを少しずつ増やしていくことが大切です。

たとえば、目覚まし時計のセットはできないので親がしてあげるけれど、ボタンは自分で押せるから、自分で押してから寝る。それだけでも、朝起きるために自分で目覚まし時計をセットしたという自覚が生まれます。

「代わりにやってあげたほうが早いから、安全だから、きれいだから」といって全部代わりにやってあげてしまうのか？　遠まわりに感じても、じっくり見守って一人でできることを、少しずつでも増やしていくのか？　ここが「自立」へのターニングポイントです。じっくり腰を据えて取り組みましょう。

朝起きてから、出かけるまでの準備の一つ一つの行動が、一人でできるようになるたびに、子育てがランクアップしていることを実感してください。

❶朝起き

毎日、決まった時間に起きることは「秩序」の上でも大切です。幼稚園・保育園への登園時間を考え、朝食時間を逆算し、起床時間を決めましょう。お気に入りの目覚まし音を、自分でボタンを押してセットして、鳴ったら起きることを自覚させます。

❷朝食

家庭によりそれぞれ習慣があると思いますが、これを期に「大人の習慣」も見直すチャンスです。共働きの家庭でも、「朝食だけは家族一緒に！」「食事のときだけは、テレビを消す、スマートフォンをいじらない」など、決まりごとを作るにはとても良い機会です。朝食を規則正しくとる習慣は、生涯において大きなアドバンテージとなります。

また、登園前に規則正しい「お通じ」が習慣になれば、それは一生の宝物です。個人差はあると思いますが、できるだけ習慣化されるように援助してあげましょう。

❸着替え

時間がない朝に、あわてて教えこむのは効率が悪く、親子関係を悪化させるだけです。休日など時間に余裕があるときに、順番を確認しながら楽しく練習していきます。観察をしていると、「あぁ、ここが難しくて次に進めないんだな！」という部分が見えてきます。

たとえば、洋服の前後がわからないとか、ボタンがうまくかけられないなど。その部分だけを援助してあげるようにします。洋服も靴も2セット用意して、自分で選ばせるようにすると、イヤイヤ期でも比較的スムーズに事が進みます。

④お風呂

お風呂も習慣のこだわりが強く出るものです。毎日の時間帯も決まっていたほうが良いのですが、そこまでは無理でも、「夕飯の前か、後か」は最低でも決めておきましょう。

お風呂で親子で遊ぶことはとても楽しく、有意義な時間です。コミュニケーションをたくさんとりましょう。

お風呂セットも、子どもサイズでそろえておくと、自分でできるようになります。体の洗い方も、ゆっくり見せて教えてあげましょう。子ども用のタオル、パジャマ、洗濯物の場所を決めておきましょう。

⑤就寝

寝る時間帯もできる限り一定にしましょう。そして、寝る前までのプロセスを、いつも同じにすることがとても大切です。

「寝る前のルーティンワーク」は、秩序感を培い、子どもの心をとても安定させます。特に共働き家庭で、保育園だと、朝からとてもあわただしい一日となりがちです。

しかし、大人と同様、子どもなりに保育園ではいろいろなことが起きていたはずです。

寝るまでの時間を一緒にすごすことで、「今日もいろいろあったけれど、最後、寝る前には、いつもこうしてママが絵本を読んでくれるんだ」のような安心感が生まれます。

「寝る前の15分間の秩序」だけは守ってあげましょう。

ランクアップチェック

- □ 幼稚園・保育園準備は「一人でできる」を加速させるチャンス。
- □ 一日の流れを細かく分析して、「一人でできること」を増やしていく。
- □ 寝る前の15分の秩序を守ることで、子どもは安定する。

keyword 30

『叱る』

叱るときの効果的なポイント！

モンテッソーリ教育で子育ての予習をすることによって、「叱る」回数は格段に減少します。特に「秩序の敏感期」と「運動の敏感期」を理解することで、大人と子どもの根本的な差を知ることができ、その瞬間がいかに子どもの成長にとって大切かがわかってきます。

さらに、179ページでお伝えした、大泣きするときの3パターンを理解しておくと、大人側にゆとりが生まれてきます。まさに「ワンランク上の子育て」ですね。

それでも、叱らなくてはいけないことは必ずあります

モンテッソーリ教育には「叱る」という概念はありません。ですから、ここから先は、私の子育て論として捉えていただければ幸いです。

「叱らない子育て」が全盛の昨今ですが、そもそも「叱る」というのはどういうことなのでしょうか？

わが子がこの先の人生を生きていく上で「このことだけは、どうしても伝えておかなくてはならない」「この行動だけは、今、ここで正しておかなくてはならない」といった価値観を真剣に伝えることが「叱る」ということなのです。

大人と子どもという関係ではなく、一対一の人間関係であれば、真剣に伝えないことは、大変失礼なことであり、本当に愛情を持った行動ではないと思います。

叱るときは真剣に！

叱るときは「真剣に厳しく」叱りましょう。子どもはその大人の真剣さ、顔の険しさ、声の大きさを感じ取ることで「これはしてはいけないことなんだな」ということを理解していくのです。これを「社会的参照」といいます。

特に言葉の理解がまだ難しい0〜3歳の子どもに、理論的に諭して理解させることは無理な話ですし、効果はありません。言葉はわからないけれど、感じ取れる真剣さが大切なのです。

ただし、頭ごなしに「駄目！」だけではいけません。子どもにも、子どもなりの言い分というものがあるものです。

「これをさわってみたかったんだよね！　でもね、ここが危ないからさわっては駄目なんだよ！」と、気持ちを代弁してあげることで、自分のことを認めてくれているという効果があります。

3歳までの子どもは、自分が中心ですから「第三者の気持ち」は理解できないものなのです。たとえば2歳児がお友達のおもちゃを取ったときに「○○ちゃんがかわいそうでしょう！」と言っても、本人はピンときていません。

親は「なんて人の気持ちがわからない子なんでしょう！」と、そのこと自体が怒りに変わってしまうことがよくあります。

しかし、4歳くらいまでは相手の立場になり替わって考えることが、まだできないのだということを知っておいてください。

強制的に「こういうときは、何て言うんだっけ？　ごめんなさいでしょう？　さぁ言ってごらんなさい」と言っても本人はどこ吹く風です。本当にわかるのはもう少し後なのです！

幼稚園・保育園で、何回もお友達とぶつかり、ゆるし、ゆるされるという実体験を通して、人の気持ちが身についていくものなのです。

叱るときには「その場で」

子どもを叱るときには、**「その場で叱る」ことが大切**です。子どもは今、このときを生きています。特に3歳までの子どもは、「意識的に記憶にとどめておく」ことができないので、**その場で叱らないと効果がありません**。

家に帰ってきてから「○○ちゃん、さっき赤信号だったわよね」などと、後で叱っても、子どもは何のことやら、ポカンとするだけです。子どもを叱るときは、何よりも「タイミング」を大切にしましょう。

叱るときには「短く」

「短く叱る」。叱るときはダラダラ・クドクド叱っても効果はありません。子どもの立ち直りの早さは天才的です。

大人のほうが引きずり、それがストレスになってしまいます。大人が勝手に何日もズルズルと引きずり、事あるごとにネチネチ繰り返すのは「いじめ」です。

子どもには**「しっかり・その場で・短く叱る」が一番**です。そして、しっかり叱った後は、元の親に戻ること。この繰り返しが、本当の信頼関係を築きます。叱られずに、甘やかされただけの幼少時代からは本当の信頼関係は生まれません。

叱ることに罪悪感を持たない

「叱った後は必ずハグをしてフォローを」という説もありますが、そのようなことをしなくても、子どもは愛情をしっかり感じています。

厳しい言い方になりますが、ハグをすることは、親が叱ってしまった罪悪感を中和する効果のほうが大きいのではないかと感じます。

叱らない子育てや、叱らないテクニックなどが先行すると、「叱る親は駄目な親」のようなイメージを自分で持ちがちになります。

親も人間です。体罰は論外として、自分の感情に素直になることは悪いことではありません。

「一人で生きていけるように厳しくしつけることは、親にしかできないことなのです」。

子どもはそのときはわからなくても、大人になってから、もしくは、自分が子を持つ親になってから親の真意がわかるということもあるものです。それが、「しつけ」というものです。


一昔前は、親戚のおじさんや、近所のおばさんがたとえ自分の身内でなくても真剣に叱ってくれたものです。しかし、近所づき合いが希薄になるにつれて、しっかりと叱ってくれる大人もいなくなりました。

昨今はお友達親子という言葉もあるようですが、子どもに嫌われたくないという思いから、叱ることを避けてしまうのはたいへん大きな問題です。

わが子のために親が真剣に、生きていくための価値観を伝えることが、より大切な時代になってきたのだと思います。

夫婦間の価値観を統一する

父親と母親が違うことを言っていると子どもは混乱します。しかし、夫婦とはいえ、それまで育ってきた環境がまったく違うのだから、子育てに関して意見が食い違うのは当然です。この食い違いこそ、これからの子どもの幸せに対して方向をすり合わせていくチャンスです。子どもがいないときに（これが大事）十分話し合いをしておきましょう。

しかし、完全な納得は難しいと思います。場合によっては「折り合いをつける」という感じになるかもしれませんが、夫婦がしっかり向き合い、話し合いをすることは、子育ての上で親としても大切な体験となります。

ランクアップチェック

- □ わが子がこの先の人生を生きていく上で、大切な価値観を真剣に伝えることが「叱る」ということ。
- □ 叱るときには、「厳しく、その場で、短く」を心がける。
- □ しつけの基準は、夫婦で価値観を統一していく。

おわりに——20年後を才能豊かに元気に生き抜いていく力を！

私どもの時代でいう「頭の良さ」というのは、授業や塾で教わったことを記憶して、「試験会場でどれだけ正解を再現できたか」を競うものでした。答案用紙のマークシートに記入し、正解率、偏差値という数値化できる物差しで測られてきました。

このようにＩＱ、正解率、偏差値などの数字で認知できる能力を**「認知スキル」**といいます。

しかし、これからわが子が大人になって迎える10年、20年後には、この「認知スキル」だけでは生き抜いていけない時代がやってきます。

なぜならば、「正解を再現する能力」は、ＡＩ（人工知能）に取って代わられるからです。

正解を導き出す力はＡＩにかなわないとすれば、人間にはどのような能力が必要とされるのでしょうか？

それが、人間にしかできず、数値などで計測することができない、**「非認知スキル」**という能力なのです。

では、「非認知スキル」とは具体的にはどのような能力なのでしょうか？

決断力、根気強さ、自制心、自尊心、注意深さ、立ち直りの早さ、チャレンジ精神、段取り、先を見通す力、コミュニケーション能力、協力する力、面倒見の良さ、共感力、思いやり、道徳心……確かに数字では測れない、人間にしかできない能力ですね。

こうした「非認知スキル」は、いつ、どうやって身につくのでしょうか？

まさしく今！　0～3歳の間に土台ができ上がっていくのです。

- 興味を持った活動を自分で選択することによって「決断力」がつきます。
- 集中して最後までやり切ることで「根気強さ」が育ちます。
- こだわり・秩序を大切にすることで「段取りや、先を見通す力」がつきます。
- 最後までやり切ることで「自尊心」が高まり「チャレンジ精神」が育ちます。
- 豊かな言葉がけを通して「コミュニケーション能力」が身につきます。
- 自分の行動を尊重されることによって、自分以外の人に対する「思いやり」「協力する力」が生まれます。

子どもたちは皆、こうした能力を自分で獲得できる才能を持って生まれてきます。

そして、その才能の芽を伸ばすのも、摘んでしまうのも、私たち大人の整える環境次第だということを本書でお伝えしてまいりました。

「特別付録」の「成長のチェックリスト」でわが子の成長段階を知り、わが子の行動を見て、環境を整える。できることから実践に移すことで、「一人でできる力＝非認知スキルの芽」がグングン伸びていくことを保証します。

そして、0〜3歳という、命の息吹を感じられる素敵な時期を、親子で充実して過ごされることを心から願っています。

藤崎達宏

QRコードから
メールマガジンを
登録してください。
特設動画を
お送りします。

モンテッソーリ教育を
いつでも・どこでも・
だれにでも

0〜3歳《さい》までの実践版《じっせんばん》
モンテッソーリ教育《きょういく》で才能《さいのう》をぐんぐん伸《の》ばす！

著　者――藤崎達宏（ふじさき・たつひろ）
発行者――押鐘太陽
発行所――株式会社三笠書房
〒102-0072 東京都千代田区飯田橋3-3-1
電話：(03)5226-5734（営業部）
：(03)5226-5731（編集部）
http://www.mikasashobo.co.jp
印　刷――誠宏印刷
製　本――若林製本工場

編集責任者　本田裕子
ISBN978-4-8379-2752-5 C0030